初中语文教学策略研究

RESEARCH ON TEACHING STRATEGIES OF
CHINESE IN JUNIOR HIGH SCHOOL

■ 张香莉 著

经济管理出版社
ECONOMY & MANAGEMENT PUBLISHING HOUSE

图书在版编目（CIP）数据

初中语文教学策略研究 / 张香莉著 . -- 北京 ： 经
济管理出版社，2025. -- ISBN 978-7-5243-0190-5

Ⅰ. G633.302

中国国家版本馆 CIP 数据核字第 2025G9T249 号

组稿编辑：杨国强
责任编辑：白　毅
责任印制：张莉琼
责任校对：王淑卿

出版发行：经济管理出版社
　　　　　（北京市海淀区北蜂窝 8 号中雅大厦 A 座 11 层　　100038）
网　　　址：www.E-mp.com.cn
电　　　话：（010）51915602
印　　　刷：唐山昊达印刷有限公司
经　　　销：新华书店
开　　　本：710mm×1000mm/16
印　　　张：12.25
字　　　数：226 千字
版　　　次：2025 年 4 月第 1 版　　2025 年 4 月第 1 次印刷
书　　　号：ISBN 978-7-5243-0190-5
定　　　价：98.00 元

前　言

随着新课程改革的深入推进，初中语文教学面临着前所未有的机遇和挑战。语文作为基础教育的重要学科，不仅承担着培养学生语言能力的任务，而且还肩负着发展学生思维能力、提升人文素养、塑造健全人格的重任。然而，传统的语文教学方法往往过于注重知识的传授，忽视了学生的个性发展和创造力的培养。在这种背景下，探索适应时代需求的初中语文教学策略成为广大教育工作者和研究者共同关注的重要课题。本书旨在通过系统的理论探讨与实践经验的总结，为初中语文教师提供切实可行的教学策略，以有效地提升语文教学的质量和效果。

全书共分为八章，第一章从初中生的认知特点出发，探讨了初中语文教学的特殊性和必要性。第二章聚焦识字与写字模块，探讨了识字与写字教学的重要性以及多元化策略。第三章围绕表达与交流模块，探讨了口语表达与交流的价值与实施策略，结合陶行知生活教育理论，提出了切实可行的写作教学策略。本章还探讨了在"互联网＋"背景下的写作教学优化问题，强调在信息化环境下，如何利用现代技术提升学生的写作能力。第四章重点研究了阅读与鉴赏模块，讨论了阅读兴趣的激发和阅读习惯的培养、审美素养的培育以及对整本书阅读和群文阅读的教学策略。第五章探讨了教学中的情感教育渗透和课后作业的设计艺术，并对学生自主学习能力的培养进行了详细分析。第六章围绕初中语文教学评价模块，探讨了课程评价改革、学生评价创新以及教师评价创新等内容。第七章从教学创新的角度，探讨了基于深度学习的课堂提问优化、在 STEAM 教育理念下的说明文教学策略，以及基于项目学习的古典诗歌教学策略。第八章专门讨论了语文教师的专业发展问题，分析了教师角色意识的培养、基本素养的提升、教学能力的发展以及职前职后一体化教育的实施路径。

本书力求为广大初中语文教师提供全面、系统的教学指导。希望通过对不同教学模块的深入分析和实践探索，能够帮助教师在日常教学中更好地把握教学重点，创新教学方法，提升教学效果。希望本书能为广大教育工作者提供有益的参考和借鉴，为初中语文教学的发展贡献一份力量。

目　录

第一章　初中生与初中语文教学概述

第一节　初中生的认知发展特点

初中生从依赖成人制定规范来生活的孩子变成一个有一定独立思考能力，具有一定成人权利、义务的少年，处于一种半成熟、半幼稚，独立性和依赖性，自觉性和不自觉性并存交错的时期。[①]初中生在认知发展过程中，在感知觉、注意、记忆、思维等方面都表现出明显的特点，这使他们面对复杂的学习任务时，在知识的获取、处理和运用方面更加自如。

一、感知觉的发展

视觉、听觉、触觉、嗅觉等感知觉是个体获取外界信息的基础。初中生在认知发展过程中，他们的感觉和知觉能力都有了显著的提升，感知觉方面表现出更为复杂和精细的发展趋势，使他们在对外界信息进行准确捕捉的同时，能够对感知信息进行复杂的分析和处理。

特别是在视觉、听觉方面，初中生的敏感性获得很大发展，他们能够更快速、准确地捕捉到视觉或听觉刺激，根据这些感知信息进行更为精确的分析和判断。课堂学习中视觉和听觉的信息接收是理解和记忆的重要基础，学生通过眼睛阅读文字，通过耳朵倾听教师讲解，并将这些感知信息转化为内部认知内容，形成知识的积累。

初中生具备更高层次的知觉能力，能够根据已知的信息对外界的刺激进行合理的推测和判断，表现出一种精细化和综合化的特点，学生能够在感知觉的基础上结合已有的知识和经验，对感知信息进行深度加工，形成更为准确的认知反应。面对复杂的学习任务时，他们能够专注于关键信息，忽略无关的干扰，显示出选择性注意的能力。初中生的知觉在精确性和概括性方面得到了增强。空间知

---

① 刘晓明.学习理论与有效教学［M］.长春：东北师范大学出版社，2013.

觉方面，他们能够更加熟练地处理和理解三维空间关系，在数学和物理学科中表现突出，也在日常生活中的方向感和空间定位能力上有所体现。

二、注意的发展

初中生注意的发展主要表现为个体在注意的目的性发展、注意的广度发展、注意的稳定性发展、注意的分配能力发展、注意的转移能力发展等方面，如图 1-1 所示。

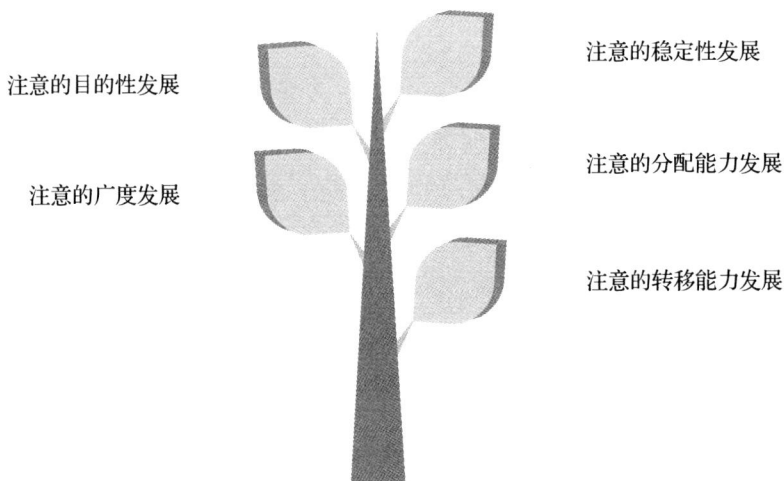

注意的目的性发展

注意的广度发展

注意的稳定性发展

注意的分配能力发展

注意的转移能力发展

图 1-1　注意的发展

（一）注意的目的性发展

随着年龄的增长和学习环境的变化，初中生的注意力目的性变得更强，他们能够根据具体的学习目标和教师的要求有意识地将注意力集中于学习内容方面。这种注意的目的性发展使初中生在面对复杂的学习任务时，能够更加有效地选择需要关注的信息，而不会轻易分心。他们在做作业、参加课堂讨论或参与课外活动时，表现出更强的注意力集中能力，能够在多个信息源中快速提取与任务相关的要点，忽略无关信息的干扰，使学习效率获得有效提升。随着注意目的性的增强，初中生学会了通过自我反思来调整注意力。他们能够意识到自己在学习过程中可能的分心因素，并采取主动的措施避免注意力的分散。这种自我调节能力的提升，使学生在执行任务时能够更加专注于目标，在任务执行中的自主性和控制力得到了增强，在认知活动中表现得更加高效。

（二）注意的广度发展

初中生的注意广度在认知过程中表现出逐渐扩展的趋势，他们能够在学习和生活中处理更多的信息，在多个信息点间进行有效的切换。并且面对复杂的任务时，他们能够同时处理多个维度的任务和信息，提高了整体认知表现。比如，在课堂讨论中，学生不仅关注教师的讲解，还关注同学的发言，并在此基础上快速整合信息，形成自己的见解。这种注意广度的发展增强了他们在复杂学习情境中的应对能力，使他们能够更加有效地处理和整合不同来源的信息。在面对复杂的学习或生活任务时，他们能够从全局角度出发，从容应对多任务或多信息处理，全面地掌握知识点，形成更为丰富的知识网络和认知体系。

（三）注意的稳定性发展

注意的稳定性指个体在较长时间内保持对特定对象或任务的持续关注能力。随着认知能力的提高，初中生的注意稳定性逐渐增强，他们能够在较长时间内保持专注状态，而不轻易地受到外界干扰的影响。课堂上学生可以集中注意力于教师的讲解或学习任务上，维持较长时间的高效学习状态。在自习或考试等需要长时间持续专注的活动中，初中生能够克服外界的干扰因素，专注于当前的任务，表现出高度的注意力持续性。需要注意的是，由于青春期的特性，初中生的情绪可能时常波动，有时会影响到注意力的集中，尤其在长时间的学习或在课堂上容易发生走神的现象。

（四）注意的分配能力发展

在日常学习和生活中，初中生逐渐学会了如何同时处理多个任务，并且在各个任务之间灵活分配注意力，以确保每个任务的顺利进行。在课堂上，学生能够一边听讲一边做笔记，或者在进行课外作业时能够同时思考多个问题并合理分配时间和精力。注意的分配能力的提升，增强了他们在面对复杂情境时的应对能力，标志着他们认知系统的进一步成熟，使他们在应对繁忙的学业和生活安排时，能够更加高效地完成任务，避免因为注意力的错误分配而导致任务失败或时间浪费。

（五）注意的转移能力发展

初中生在注意的转移能力上表现出明显的进步，他们逐渐学会了如何在不同的任务间有效地转移注意力，并能够在短时间内快速适应新的任务要求。注意转移能力的发展使他们能够在面临新的学习任务或挑战时，为适应新的认知需求而迅速调整注意力，表现出更强的应对能力和认知灵活性。

三、记忆的发展

初中生的记忆力有显著的增长，使他们能够更好地处理和存储大量信息，这对以后的知识学习尤为重要。进入初中后，学生的无意记忆依然明显，他们能较好地记住那些新颖、有趣或直观的信息，但对于抽象的理论知识如公式和定理则较难掌握。为适应学习要求，他们开始有意识地调整记忆策略，使其适应不同的学习内容和性质，有意记忆逐渐成为他们记忆活动的主导。随着年级的提高，他们的记忆方式也发生了改变，逐渐从依赖机械记忆转向更多依赖意义记忆，学会分析、综合学习材料，发现信息之间的内在联系，通过理解来记忆知识。这种转变促进了他们意义记忆的快速发展，减少了对机械记忆的依赖。

初中生的形象记忆也达到了发展高峰，基于此，他们的抽象记忆能力开始形成，能够使用公式和定理理解具体的事物，只是这种抽象记忆在初中阶段还处于发展的初级阶段，需要具体和直观的材料作为支撑。这一阶段的学生已经能够熟练运用各种记忆策略，以有效提升记忆的效果。在课堂回答问题、考试等场合，初中生能够在较短的时间内从大量信息中快速找到与当前任务相关的内容，并进行有效的应用，为学生的学习效率和学业成绩提高提供了有力保障。

四、思维的发展

初中生在思维发展的各个方面表现出显著的提升，抽象思维日益占据主导地位、独立性思维快速发展、思维自觉性增强、创造性思维进一步提升（见图1-2），这些变化使初中生在学习方面获得了很大提升，也增强了他们在生活中处理问题和应对挑战的能力。

抽象思维日益占据主导地位　　　思维自觉性增强

独立性思维快速发展　　　创造性思维进一步发展

图1-2　思维的发展

（一）抽象思维日益占据主导地位

随着认知能力的提高，初中生表现出对复杂问题的抽象推理能力，他们能够超越具体的事物，通过概念、符号和模型来理解问题的本质。抽象思维的主导性使初中生能够更加有效地处理数学、物理、语文等学科中的理论问题，抽象概念成为他们学习的核心内容。在学习中，他们不再局限于对表面现象的感知，而能够通过现象看到本质。比如，在数学学习中，学生能够理解方程、函数等抽象概念并通过符号和公式进行逻辑推理。在物理学习中，他们能够掌握抽象的力学原理，通过公式计算和模型推导出复杂的物理现象。在语文学习中，学生逐渐掌握了从文本中提炼主旨和思想的能力，通过对语言符号的分析而理解作者的深层意图。这种抽象思维的发展还体现在学生对社会问题的认知中。他们逐渐能够通过抽象的思维框架，分析和理解社会现象及其背后的原因，开始关注社会中的普遍性问题，如公平、正义、责任等，他们通过抽象的方式来探讨这些问题的本质，从而形成初步的社会认知和价值观，在思维的深度和广度上得到显著提升。

（二）独立性思维快速发展

独立性思维指个体在面对问题时能够自主地进行思考和决策，而不依赖于他人的观点或现成的答案。初中生已经具备独立思考意愿，他们希望通过自己的分析和推理得出结论，而不是单纯依赖于教师或同学的解释。他们不再满足于被动接受知识，而是积极参与到问题的讨论和解决过程中。学生在学习中开始提出问题并通过查找资料、独立思考来寻找答案。这种独立性思维的发展，使他们在面对复杂的学术任务时，能够更加灵活地应对，并且在解决问题的过程中能够展示出更强的创新能力。他们逐渐学会了对信息进行分析和质疑，能够通过逻辑推理和事实验证对所学内容进行深入思考，避免了思维的盲从和片面性，最终得出更加合理和科学的结论。独立性思维的发展也增强了初中生在社会生活中的决策能力，使他们在面对社会问题时能够对不同的观点进行分析和筛选，最终形成自己的见解。他们不再轻易受到外界的影响，能够通过理性思考，做出符合自己价值观的选择。这种能力的发展，为他们未来的个人成长和社会参与奠定了坚实的思维基础。

（三）思维自觉性增强

初中生的思维自觉性逐渐增强，他们开始意识到自己在思考过程中的主动性，并能够通过自我调节来优化思维过程，避免思维的无序和分散，提高了问题解决的效率和质量。他们不再只是机械地完成任务，能够在任务执行前进行思维上的规划。例如，在进行写作任务时，学生会提前构思文章的结构和主题，并在写作过程中不断反思和调整自己的思维路径。这种思维上的自我调节使他们在学习中能够更加灵活地应对任务的变化，并能够根据实际情况调整学习策略。

（四）创造性思维进一步发展

初中生的求知欲和探索精神非常强烈，使他们在日常学习和生活中表现出极高的创造性。例如，他们在写作文和解决数学问题时，尽可能寻找新颖的角度和方法，表现出想要超越传统和依赖的强烈欲望。这种创造性的发展主要源于他们的成人感和自我意识的增强，他们渴望证明自己的能力，挑战传统的学习方式，表现出对创新的渴望。他们思考问题时，不再局限于传统的思维模式，而是开始通过发散性思维、联想和创新性解决方案来应对复杂的任务和挑战。初中生能够从多角度、多层次思考问题，而不再局限于单一的答案或解决方式上，面对未知或复杂的任务时能够更加灵活地应对，在问题解决过程中展现出更多的创造力。通过联想和推理，初中生能够将不同学科中的知识进行创新性的结合，从而形成新的认知结构和解决方案。例如，在跨学科的学习中，学生能够将数学中的逻辑推理与语文中的文本分析相结合，提出具有创造性的解答，形成更为综合和创新的思维模式。

第二节　初中生的学习动机

学习动机指个体发动与维持其学习活动的内部动力。[①] 初中生正处于心理和生理快速发展的阶段，他们的学习动机往往具有复杂性和多样性。有效地理解和培养初中生的学习动机，有助于提高教学效果，能够帮助学生在学习过程中保持积极性，实现自我提升。

一、学习动机的分类

学习动机作为推动学生学习行为的内在力量，在初中生的学习过程中扮演着重要角色。根据动机的来源和表现，学习动机可以分为内在动机和外在动机两种（见图1-3），它们各具特点又互相影响，共同塑造了学生的学习态度和行为。

---

① 叶瑞祥.简明学习科学全书［M］.北京：团结出版社，2017.

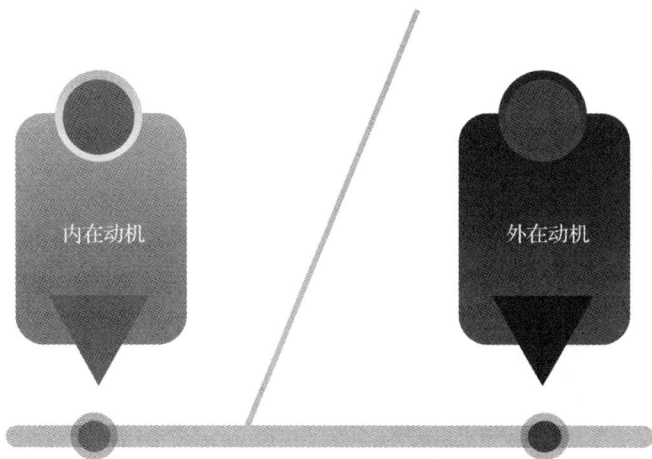

图 1-3　学习动机的分类

（一）内在动机

内在动机指学生不受外在压力束缚而产生的一种发自内心的学习愿望。[①]内在动机主要源于学生的内在好奇心、对知识的渴求以及自主探究的兴趣，他们在学习中表现出主动性，愿意投入时间和精力，积极参与学习活动，而不是仅仅为了应付考试或完成任务。学生对某一学科或某一问题的兴趣，促使他们自发地进行探索和研究，体验到由解决问题或掌握知识带来的成就感，使学习不再是一种被动的任务，而变成了一种自发的、令人愉悦的活动。学生会在学习过程中找到乐趣，甚至在没有外部奖励的情况下能够保持持久的学习动力。

虽然内在动机是学生学习的重要推动力，但初中阶段学生的内在动机并不总是稳定的。他们的情绪波动较大，兴趣容易受到环境和心境的影响。因此，教育者需要通过激发学生的好奇心、创造积极的学习体验来维持和增强学生的内在动机。

（二）外在动机

外在动机指把物质性赏罚、表扬、斥责等这些外部事物给予的刺激作为目标进行学习的意愿。[②]外在动机通常来源于学生对外部环境的反应，他们通过完成学习任务而获得奖励或避免惩罚。外在动机表现在多个层面，如为了获得老师的表扬、家长的认可、成绩的提升，或是为了避免批评或惩罚而努力学习。对于许

---

① 卢家楣.学习心理与教学——理论和实践［M］.上海：上海教育出版社，2009.
② 市川伸一.培养学习积极性与能力：对教学改革实践的探索［M］.王源，译.长春：长春出版社，2019.

多学生来说，考试成绩、奖学金、名次等外部奖励构成了他们学习的主要驱动力，这些外部激励促使学生采取有效的学习策略，以达成目标。外在动机可以在短期内推动学生提高学习表现，特别是在考试或重要任务前，外部压力常常能够激发学生的努力和投入。

外在动机的影响存在一定局限性，它往往是短期的，容易随着外部激励的消失而减弱。学生在依赖外部奖励时，学习的内在价值可能会被忽视，学习变成了一种为了达到特定目标而进行的工具性行为。当外部激励消失时，学生的学习热情可能迅速下降。因此，单纯依靠外在动机难以维持学生的长期学习兴趣和持续投入。外在动机在某些情况下也可以起到积极的作用，通过合理的外部奖励机制，教师和家长能够帮助学生在初期阶段建立学习习惯，并逐渐转化为内在动机。例如，通过提供适度的奖励，学生可以在完成任务的过程中体验到成就感和满足感，逐渐形成对学习的积极态度。

二、初中生学习动机的特点

初中生的学习动机常常表现为波动性、依赖性、多元性以及社会性的特点（见图1-4），这些特点是他们心理健康和自我认同构成的重要基础，通过深入分析这些特点，能够更好地理解初中生在学习中的行为动机，并为有效的教学和教育干预提供依据。

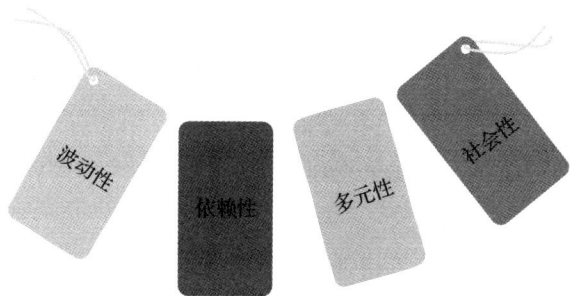

图1-4　初中生学习动机的特点

（一）波动性

随着青春期的到来，初中生的情绪和心理状态波动比较大，这对他们的学习任务和学习动机产生了重要影响。他们在面对学习任务时常常表现出情绪化的反应，而情绪的波动往往决定了学习动机的强弱。比如，少数初中生可能会因为一时的情绪低落或外界压力而失去学习的积极性，甚至出现厌学情绪。而当情绪恢复平稳时，他们又能够重新找回学习的动力。这种波动性与初中生自我认同感的发展有关，这一时期的他们正处于自我探索和认同的阶段，常常对自己的能力和成就产生怀疑。这种不确定性导致他们的学习动机容易受到家庭、同伴、教师的评价等外界因素影响，使他们的学习态度和表现呈现出不稳定的特征。

动机的波动性还直接影响了学习效果，学生可能在某一阶段表现出较高的学习兴趣和参与度，但在另一阶段却表现出消极和冷漠。为应对这种动机的波动性，教育者需要敏锐地捕捉到学生情绪和动机变化的信号，采取灵活的教学方法来维持学生的长期学习兴趣。通过创造稳定的学习环境、提供适时的情感支持等方式可以在一定程度上减缓动机的波动性，为学生提供更加稳定的学习动力。

（二）依赖性

初中生在认知发展上尚未成熟，他们的学习动机常常依赖于家长、教师以及同伴等外部环境的支持和引导。学生在学习过程中往往需要通过他人的认可和支持来保持积极的学习动机，家长的期望和压力、教师的评价和激励、同伴的竞争和协作，都可能成为影响初中生学习动机的重要因素。

许多初中生的学习动机源自家长的期望和要求，他们往往通过满足家长的期望来获得成就感和认可。当家长对孩子的学习成绩表现出高度关注时，学生可能会更加努力学习，以此获得家长的表扬和支持。然而，这种依赖性可能导致学生对学习的内在动机削弱，学习变成了一种应付家长和社会期望的手段，而不是自我提升和知识获取的过程。教育者应注意避免过度依赖外部压力激发学习动机，逐步引导学生培养自主学习的意识。学生的学习表现与教师的教学方式和评价反馈密切相关。积极的教师反馈可以有效增强学生的学习信心，激发他们的学习热情。而消极的评价或缺乏激励的教学方式可能削弱学生的学习动力，甚至让他们产生自我怀疑。教师在这个阶段既是知识的传授者，也是学生学习态度和动机的塑造者。初中生在学习过程中常常受到同伴群体的影响。与同龄人一起学习、讨论、合作，能够让学生感受到归属感和集体荣誉感，这种群体动力常常会成为他们学习动机的重要来源。然而，这种依赖性可能导致他们在面对同伴压力或竞争时产生焦虑和不安。教育者需要引导学生正确看待同伴的影响，帮助他们在依赖他人的同时，逐步培养独立的学习态度和自主的学习能力。

（三）多元性

初中生的学习动机呈现出多元性特征，他们的学习动机往往不是单一来源的，而是多种动机交织在一起的。随着认知和社会环境的不断变化，初中生的学习动机可能同时受到内在兴趣、外部奖励、社交需求等方面的影响，这种多元化的动机来源使学生在面对不同学习情境时，表现出多样化的学习态度和行为。

许多学生在某些特定学科或活动中表现出强烈的学习兴趣，因为对知识的渴求而主动投入学习。这种内在动机常常与外部动机共存，学生可能在某些学科中因为对知识的兴趣而努力学习，在其他学科中则因为成绩要求或外部奖励而保持学习动力。内外动机的交织使初中生的学习动机表现出多元性，他们在不同学习场合和情境中可能会展现出不同的动机特征。在许多情况下，初中生的学习动机还受到社会归属感和集体认同的驱动。学生通过参与集体学习活动、与同伴合作获得了归属感和集体成就感，促使学生更加积极地参与学习，在群体活动中找到学习的乐趣。为有效地激发和维持学生的学习动机，教育者需要关注学生的不同动机来源，针对不同的学习需求和情境采取多样化的教学策略。

（四）社会性

初中阶段的学生正处于社会认同感和群体归属感逐渐增强的时期，他们的学习动机常常受到同伴关系、群体活动、社交网络等社会互动的影响。通过与同伴的互动，初中生能够获得情感支持，在群体中找到自我认同的机会。初中阶段，同伴的影响力极为显著，许多学生的学习动机受到同伴评价和集体期望的驱动。通过与同伴的合作和竞争，常常能够激发出学生更强的学习动力，学生通过与他人分享知识和经验，感受到学习的乐趣和成就感，促使他们在群体中不断进步。初中生的学习动机常常通过与教师和家庭的互动得到强化。通过与教师的交流，学生可以获得情感支持和学习反馈，这是为他们提供了社会性动机的重要来源。家庭中的支持性关系同样为学生的学习动机提供了情感基础，家长的鼓励和关怀，能够帮助学生在学习过程中保持积极的态度和动力。

三、影响初中生学习动机的主要因素

初中生的学习动机受到多种因素的影响，主要包括家庭环境、同伴影响、教师的作用和自我效能感四个主要影响因素（见图1-5），它们相互作用，共同塑造了学生的学习态度和动力。

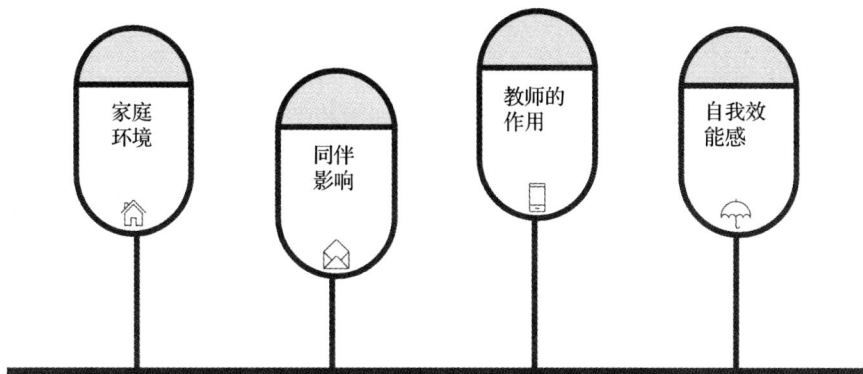

图 1-5　影响初中生学习动机的主要因素

（一）家庭环境

家长对孩子的期望、教育方式、对学习的态度等会直接影响初中生的学习动机。尤其是初中阶段的学生，随着认知能力逐步发展，开始逐步理解父母对学习的期望，并将这些期望内化为自己的学习动力。那些倾向于采取积极鼓励和支持的家长，往往能够帮助孩子建立起更强的内在学习动机，通过给予适当的情感支持和指导，帮助孩子克服学习中的困难，增强他们对学习的兴趣和信心。家庭中积极的学习氛围如父母对知识的尊重、对学业的关注等，也能够有效地激发学生的学习动机。需要注意的是，家庭中的负面因素也可能对学习动机产生不利影响。过高的期望或过度的学业压力可能导致学生面对学业产生焦虑或挫折感。一些家长可能过分关注孩子的成绩，这种压力可能让学生感到学习是为了取悦父母，而不是为了自我提升或知识的获得，这种情况如果不能得到有效的疏导，可能会逐渐削弱学生的内在学习动机，导致他们在学习中失去自主性和积极性。

家庭的经济状况和社会文化背景也对初中生的学习动机产生了深远影响。家庭经济条件较好的学生，通常能够获得更多的学习资源和支持，这些资源的可得性能够增强学生的学习自信。经济条件较差的家庭虽然物质支持有限，但如果家庭环境充满关怀和支持，同样也可以激发学生的学习兴趣。社会文化背景对家庭的教育观念和态度产生影响，不同文化背景下的家庭对教育的重视程度不同，进而影响学生的学习动机和表现。

（二）同伴影响

初中生的社会交往能力逐步增强，同伴关系成为他们心理发展和学习生活中的重要组成部分。通过与同龄人的互动，学生可以获得情感支持，在群体中找到归属感和自我认同感。这种社会性需求的驱动，使同伴影响成为影响初中生学习动机的关键因素。学生在与同伴一起学习时，往往能够感受到集体学习的乐趣和成就感，这种集体荣誉感会激发他们更积极地参与学习活动。

在合作学习中，学生通过与同伴的知识分享和问题讨论，能够互相启发，提升学习效果。特别是在学习任务复杂或具有挑战性时，同伴的支持和协作可以帮助学生克服学习中的障碍，增强他们的学习动力。初中生在与同伴的学业比较中，往往会产生竞争意识，这种竞争有时会激发他们更高的成就动机。学生通过努力超越同伴，获得学业上的优势，满足了他们的成就感和自我价值认同。在一定程度上，适度的竞争是学生学习动机的重要来源，它促使学生不断挑战自我，在学习中保持持续的动力。

（三）教师的作用

教师的作用在初中生的学习动机中占据着重要地位。教师不仅是知识的传授者，更是学生学习行为和态度的引导者。初中生对教师的依赖性较强，他们的学习动机往往受教师直接激励和反馈的影响。

教师的学识、热情、专业素养以及对学生的关心与支持能够激发学生的学习动力，教师要以身作则，通过言传身教为学生树立良好的榜样。当学生看到教师对知识的热爱和对学习的认同，会产生积极的影响，产生学习的动力。相反，如果教师对学科兴趣缺乏，教学内容枯燥乏味，将直接影响学生的学习动机和对学习的积极性。教师在教学过程中要善于运用探究式教学法、情境教学法等多样化教学方法，激发学生的兴趣，有效增强学生的内在学习动机。通过创造一个充满挑战、支持和互动的学习环境，帮助学生感受到学习的乐趣和成就感。积极的评价和反馈能够增强学生的学习自信，促使他们更加努力地投入学习活动。当教师对学生的努力和进步给予肯定时，学生会感受到被认可和支持，这种情感上的满足感会转化为持续的学习动力。相反，如果教师的评价方式过于严苛或缺乏激励，学生可能会感到沮丧或无助，进而对学习失去兴趣。

师生关系对学习动机具有很大影响。良好的师生关系可以为学生提供情感支持和安全感，增强他们对学习的信心和投入感。那些能够与学生建立起积极互动的教师通常能够帮助学生在学习过程中保持积极的态度。而紧张或冷漠的师生关系，可能会削弱学生的学习动机，让他们在课堂上感到不安或缺乏归属感。教师在教学过程中应注重与学生的情感沟通，通过建立信任和尊重的师生关系，增强学生的学习动机。

（四）自我效能感

自我效能感指个体对自己能够在一定水平上完成某一活动所具有的能力判断和信念。[①] 它直接影响个体的动机水平、行为表现以及对失败的应对方式。初中生的自我效能感对学习动机具有显著影响。高自我效能感的学生通常具有较强的学习动机和自主性，他们相信自己能够通过努力去克服学习中的困难，并达成学习目标。这种信念使他们在学习过程中更加积极主动，不容易受到挫折和失败的影响，推动他们在学业中不断进步。低自我效能感的学生往往表现出较低的学习动机和较强的依赖性。他们在面对学习任务时，容易因为自我怀疑而产生逃避或放弃的念头。即使面对并不复杂的学习任务，低自我效能感的学生也可能因为缺乏信心而感到焦虑和无助，进而影响他们的学习表现和动机。这些学生通常需要更多的外部支持和鼓励，以帮助他们逐步建立自信，增强自我效能感。

自我效能感的形成受到过去的学业表现、同伴的评价、教师的反馈、家庭的支持等因素的影响。成功的学习经验往往能够增强学生的自我效能感，而失败的经历则可能削弱他们的信心。教师和家长在增强学生自我效能感的过程中起着至关重要的作用。通过鼓励学生在学习中尝试挑战，并给予积极的反馈和支持，可以帮助学生逐步建立对自己能力的信心，进而增强他们的学习动机。

四、增强初中生学习动机的策略

教育者需要从确立有效的学习目标、考虑性别和年龄差异、激发兴趣、提供积极的反馈和鼓励、增强成就动机等方面提升初中生的学习动机，使学生在复杂的学习环境中能够保持对学习的积极性，如图1–6所示。

（一）确立有效的学习目标

目标的设定是提高学生学习动机的有效手段，有效的学习目标帮助教师在教学中树立明确的指导目的、为初中生的学习提供明确的方向和动力。初中生正处在身心快速发展的阶段，他们的人生观、价值观尚未完全形成，因此可能在学习过程中出现目标不明确、听课注意力不集中、作业不积极完成等问题。有效学习目标的设定能够使学生在学习中保持专注，增强他们的责任感和成就感。教师要采取多种方式帮助学生设定和维持学习目标，如可以在每堂课的开始明确当天的教学目标，帮助学生理解每节课的具体学习内容和目的，逐步培养学生的自我驱

---

① 许斌华. 心理健康教程——农业院校大学生成长读本［M］. 北京：北京理工大学出版社，2016：6.

图1-6 增强初中生学习动机的策略

动能力。也可以让学生通过书面方式记录自己的中长期学习目标，将其放置在显眼位置以便不断提醒自己。这些做法能够帮助学生明确学习的方向，有效地激发他们的学习热情，提高自主学习能力。

需要注意的是，有效的学习目标要具体而可操作。目标过于笼统或模糊会导致学生在学习过程中失去方向感，缺乏明确的努力目标；清晰、具体的学习目标使学生能够更好地理解自己需要完成的任务，并在实现目标的过程中获得成就感。在初中语文学习中，可以设定每周阅读一定数量的书籍或完成一定数量的写作练习等具体目标，帮助学生有序推进学习，并在每次完成任务后体验到自我提升的成就感。目标难易的选择方面要充分考虑学生的实际情况，过于简单的目标可能无法激发学生的学习兴趣，导致学习动机下降；过于困难的目标可能让学生感到无力，甚至产生放弃的念头。教师应根据学生的个体差异设定具有适当挑战性的目标，让学生既能够感受到目标的可达性，又能够通过努力获得成就感，进而提高学习动机。

为保证学习目标的有效性还要对其进行动态调整。因为学生在学习过程中可能会遇到学业复杂性的增加、个人兴趣的转移等各种变化，需要及时根据学生的表现和需求对学习目标进行调整。灵活的目标管理能够确保学生在学习过程中始终保持对目标的清晰认识，并能够根据实际情况进行调整和优化，确保有效学习目标的落实。

（二）考虑性别和年龄差异

不同性别的学生在学习动机上往往存在差异，教师在日常的教学中应针对不同性别的学生采取不同的教育策略。男生通常在空间能力和逻辑思维上表现较强，女生通常在语言能力和情感理解上更具优势。教师在设计学习任务时可以根据这些差异设计多样化的学习活动，让每个学生都能够在自己擅长的领域中获得成功体验。另外，男生通常更关注考试成绩或荣誉等竞争性和外在的奖励；女生更倾向于自我提升和知识积累等内在动机。因此，教师在激发学生的学习动机时，需要针对不同性别的特点采取不同的激励方式。例如，针对男生的竞争心理，教师可以设计一些挑战性任务或竞赛活动，激发他们的学习热情；针对女生，教师可以更多地注重情感激励和内在动机的培养，帮助她们通过自主学习体验到知识带来的满足感。

不同年级的学生在学习动机上表现出不同的特点，教师要根据学生的具体年龄特点采用适当的教学方法和策略，确保教学的有效性和学生学习动机的提升。初中生的学习动机会随着年龄的增长而发生变换，特别是随着他们认知水平的提高，学习兴趣和动机来源会发生转移。低年级学生的学习动机更容易受到教师表扬、家长的期望等外部因素的影响；高年级的学生逐渐开始注重个人兴趣、未来职业规划等内在动机的发展。教师在教学过程中要充分考虑学生的年龄特点而调整激励方式。对于低年级的学生多采用表扬、奖品等外部奖励机制；对于高年级的学生可以引导他们将学习与未来发展相结合，增强学习的目的性和主动性。

（三）激发兴趣

兴趣是学生自主学习和持续学习的重要推动力，相对于外在奖励来说，它更能够激发学生对知识的主动探索欲望，使学习成为学生自愿参与的一种活动而不是被动的任务。

教学中创设引人入胜的问题情境能够有效吸引学生的注意力并激发他们的求知欲。当学生在学习中遇到具有启发性的问题时，他们的思维会被激活，从而自发地探索答案，扩展思维。这种方法使学生在课堂上更加专注，而且能够激发他们深入探究学科内容的兴趣。教师可以在课堂上提出与实际生活紧密相关的问题，让学生通过小组讨论或个人思考的方式寻找答案，增加学生对学习内容的投入和兴趣，有效提升他们的学习动机。不同学生在兴趣点、学习方式和学习需求上存在差异，教师应根据每个学生的特点采取个性化的教学策略。对于那些对某一学科特别感兴趣的学生，教师可以提供更多的拓展学习材料和机会，鼓励他们在课外深入学习和研究；对于那些学习动机较弱的学生，教师应通过创设有趣的学习情境，逐步引导他们发现学习中的乐趣。

（四）提供积极的反馈和鼓励

教学过程中教师的积极反馈和鼓励对学生的学习态度和动机有着重要影响，课堂上的及时反馈能够帮助学生了解自己的学习表现，增强学生学习的信心，以促进他们不断改进并从中获得成就感和满足感。教师应该对学生的每项学习活动进行关注，及时给予正面的反馈和建设性的批评，帮助学生认识到自己的优点和待改进的地方，增强了学生的学习动机，促进他们对学习内容的深入理解。

反馈要具有针对性和建设性，根据学生的个体表现提供具体的指导和建议，避免空泛的评价。这样的反馈能够增强学生的自信心，帮助他们明确改进的方向和重点，进一步提高学习动机。积极的反馈注重过程而不是结果，教师在教学过程中要对学生学习中的努力和进步加以肯定，鼓励他们持续保持积极的学习态度。教师还要注意关注学生的情感和心理状态，帮助他们克服学习中的负面情绪，通过建立信任关系，使他们感受到教师的关爱和支持，以积极的态度和高昂的学习热情投入到学习中。

家庭的支持对提升学习动机来说同样重要，家长要多肯定和表扬孩子的努力和进步，提供积极的家庭支持氛围，帮助他们从学习中获得更多的成就感，增强他们的学习动机和学习动力。

（五）增强成就动机

成就动机指个体为追求成就、获得成功而进行努力的内部驱动力。成就动机在初中生学习中起着重要作用，它直接影响学生的学习行为和学业表现，能够增强他们在学习中的主动性和持续性，并促使他们在面对挑战时表现出更强的毅力和坚持性。教学中要适当引入学习竞赛、挑战活动等竞争元素，提高学生的成就动机，通过增加学习活动的挑战性和趣味性，激发学生的学习热情。学生在竞赛准备过程中能够加深对学科知识的理解和掌握，在比赛中通过实践检验学习成果。教师可以设置具有不同难度级别的题目挑战，鼓励学生挑战自己的极限，通过实现一步步的小成就来增强他们对更高目标的追求。

第三节　初中语文教学阐析

初中语文教学注重对学生语言能力和综合素质的双重培养。通过探讨初中语文学科的特点、教学的理论基础与基本原则，可以深入理解语文教学在学生成长中的独特价值，为教师设计更有效的教学策略提供理论依据和实践指导。

一、初中语文学科的特点

初中语文学科作为基础教育的重要组成部分，在学科体系中占据核心地位，其特点主要体现在以下方面，如图 1-7 所示。

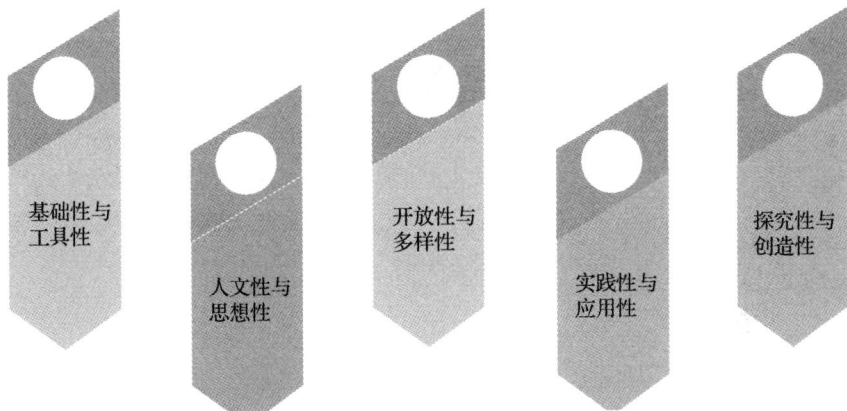

图 1-7　提升初中生学习动机的策略

（一）基础性与工具性

语文学科是一门基础性学科，它是学习其他学科的基础和必备工具，对其他学科的学习具有深远影响。初中语文学习能够促进语言表达能力和阅读理解能力，使学生掌握基本的语言知识和技能，并且能够将这些语言知识和技能从课堂内渗透到日常生活中，成为思考和表达的工具。初中语文学科涵盖听、说、读、写等基础性知识，能够为学生构建起坚实的语言和思维框架，为分析和判断其他学科的复杂信息奠定基础。

吕叔湘在《关于语文教学问题》一文中强调了语文课程的工具性特点："语文课的主要任务是培养学生使用语文的技能，所以一般称为工具课。"[①] 语文教育从本质上说，是围绕语言工具性开展的教育。初中语文学科是沟通交流和思维训练的重要工具，学生通过对初中语文的学习能够将自己的思想清晰地表达出来，对于逻辑思维能力和口语交际能力的提升具有很大帮助。

（二）人文性与思想性

语文教学不只是语言知识的传授，更重要的是通过语言这一载体，传递文

---

① 张心科. 重新认识"语文"——读吕叔湘《关于语文教学问题》[J]. 语文建设，2024（3）：12-15

化、历史和人类的思想情感。语文课文中包含了丰富的文化内涵和思想精髓，通过对这些内容的学习，学生能够接触到不同时代、不同地域的文化，理解和欣赏多元文化的价值观念，实现人文素养的培养。人文性的体现，不仅在于文化知识的传递，还在于学生在学习过程中对人类情感和社会现象的深刻理解。通过阅读和讨论文学作品，学生能够体会作者的情感，理解作品中的社会背景和人性，进而培养自己对社会的责任感和同理心，获得心灵成长和人格塑造。

语文教学中充满了对人生、社会、道德的深刻思考，学生在阅读和写作中，通过对文本的分析与理解，逐步形成自己的世界观、人生观和价值观。这种思想性的培养使学生不仅能够在知识层面上获得提升，更能够在思想层面上达到自我超越。语文教学中的思想性能够帮助学生理解社会现象，激励他们去探索人生的意义，追求真、善、美，为学生的未来发展奠定了坚实的思想基础。

（三）开放性与多样性

初中语文学科具有高度的开放性和多样性，主要体现在教学内容、教学方法以及学习方式的多样性上。语文课程的内容覆盖广泛，从古典文学到现代文学、从散文到诗歌、从国内文学到世界文学，无不展现出语文教学的开放性。这种开放性使学生有机会接触到丰富的文学作品，让他们能够在多元文化背景下拓宽视野，培养全球化的视角和跨文化的理解能力。语文学科的多样性还表现在教学方法的灵活运用上。语文教师可以根据教学内容和学生的实际情况，灵活选择讨论式教学、探究式教学、合作学习、项目学习等不同的教学方法。通过这些多样化的教学方法，使学生的学习兴趣被大大激发，能够在轻松愉快的氛围中掌握知识，培养自主学习的能力。

每个学生都有自己独特的兴趣爱好和学习需求，语文教学的开放性允许教师在教学过程中，关注学生的个体差异，提供多样化的学习资源和方式，使每个学生都能够在语文学习中找到适合自己的发展路径。通过这种个性化的学习，学生能够获得知识，培养创造力，真正做到学有所成。

（四）实践性与应用性

语文不仅是一门理论学科，更是一门实践性很强的学科。学生通过语文学习，掌握语言知识的同时会在实际生活中应用这些知识。语文教学的实践性体现在课堂内外的写作练习、口语表达、辩论比赛、朗读活动等各种语言实践活动中，这些实践活动能够帮助学生巩固所学知识，使他们在实际运用中不断提高语言表达能力和沟通能力。语文的应用性体现在它与现实生活的紧密联系上。语文是学生学习生活的一部分，也是他们日常生活的重要工具。无论是与他人交流，还是处理日常事务，语文能力的高低直接影响到他们的生活质量和社会适应能力。

（五）探究性与创造性

初中语文学科的探究性与创造性说明其不但是一门传授知识的学科，更是一门培养学生探索精神和创新能力的学科。探究性体现在语文教学鼓励学生主动思考、提出问题，通过自主学习和合作学习，寻找问题的答案。在语文课堂上，教师鼓励学生通过探究式阅读、探讨式写作等方式，深入理解文学作品的内涵，探索语言背后的文化和历史，使他们能够在面对复杂问题时，运用多角度、多层次的思维方式进行分析和解决。

创造性主要表现在语文教学注重培养学生的创造力。通过写作训练，学生可以自由表达自己的思想，发挥想象力和创造力。语文教学中的创造性还体现在对语言的灵活运用上，学生通过各种语言实践活动，学会用自己的语言风格和方式创造性地表达思想及情感。语文教学的这种创造性培养使学生掌握了语言技巧，具备了创新思维和创新能力，为他们未来的学习和生活奠定了坚实的基础。

二、初中语文教学的理论基础

初中语文教学的理论基础能够为其教学实践提供重要支撑，通过对理论的理解，教师可以更有效地进行课程设计和教学方法的选择，达到提升教学效果的目的。初中语文教学的理论基础主要包括人本主义学习理论、情境教学理论和社会文化理论等，如图 1-8 所示。

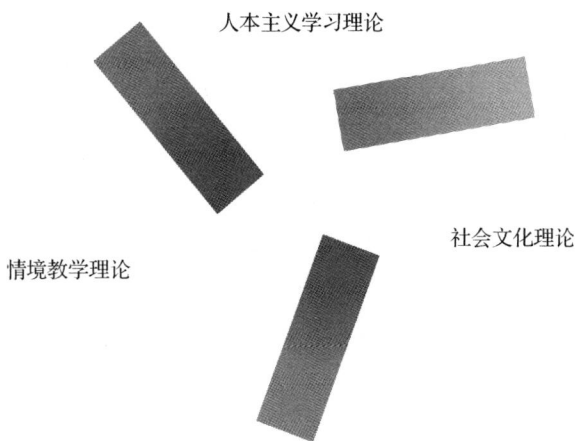

人本主义学习理论

情境教学理论

社会文化理论

图 1-8　初中语文教学的理论基础

（一）人本主义学习理论

人本主义学习理论源于 20 世纪中期的心理学思潮，特别是亚伯拉罕·马斯洛和卡尔·罗杰斯的贡献。人本主义学习理论强调以学生为中心，认为教育的核心目的在于促进学生的个人发展和自我实现，而非仅仅是知识的简单传授。在人本主义学习理论的框架下，学生被视为具有独立性和个体性的存在，他们的内在需求和潜力是教育过程中的重要考虑因素。与传统教育模式的标准化和一致性相比，人本主义教育更加强调适应每位学生的独特需求，尊重其自主性和个性。教师的角色不再是知识的单向传递者，而是学生自我探索和成长的引导者与支持者。人本主义学习理论特别强调情感因素的重要性，认为情感不只是影响学生动机和学习效率的关键因素，也是个人成长和发展的核心组成部分。该理论还提倡创建一个支持性的学习环境，强调对学生情感的理解与尊重，以此促进学生在认知、情感和社会互动等维度的均衡发展。人本主义学习理论的主要观点如下：

1. 以学生为中心

人本主义学习理论在初中语文教学中的应用着重强调了学生的主体地位，特别是在其个性化需求和兴趣方面。在人本主义学习理论教育模式中，学生不再是被动的知识接受者，而是教育活动的中心。教育的核心使命转变为满足每位学生的独特需求，超越了单纯完成课程大纲或达到标准化考试目标的传统教育目的。在这种教育背景下，教师的角色由传统的知识传递者转变为学生学习过程的引导者和支持者。为了适应不同学生的学习需求，教师需展现出高度的教学灵活性，通过提供多样化的学习资源和活动，使学生可以根据自身的兴趣和学习方式来选择合适的学习路径。人本主义理论还强调学生的自我探索和表达，这种方式使学习过程更具意义，增强了学生的内在学习动机和对语文学科的学习兴趣。

2. 自我实现的重要性

自我实现指个体充分利用和开发自己的天资、潜能等，竭尽所能地使自己趋于完美，是个体与他人、群体、社会、自然的高协同状态。[①] 人本主义学习理论支持学生个人的兴趣和热情，在教学过程中，教师需深入了解每位学生的个性和需求，创造一个支持性的学习环境，帮助学生建立自我认知，增强他们的自我效能感。

---

① 邹骅.心灵的成长：中学生活思辨［M］.南昌：百花洲文艺出版社，2021.

3. 整体性学习

人本主义学习理论强调学习不单单是知识与技能的获取，还包括个人在情感、社会、道德和身体各方面的成长。这种理念主张教育应从认知、情感、社交、身体等维度上促进学生的成长。为实现这一目标，教师应采用小组讨论、实践项目等多样化的教学方法，适应学生的多元化需求。整体性学习特别重视情感与价值观在学习过程中的作用，强调学生不仅需要掌握"知道什么"和"怎么做"，更要理解"为什么这么做"，注重对学生价值观的塑造、道德判断及对社会和环境的责任感。

4. 情感在学习中的作用

情感是学生学习过程中建立自我认知和社交技能的关键，能够深刻影响学习动机和效果，与记忆的形成、保留和提取密切相关。情感是学生在学习过程中建立自我认识和社交技能的关键，其能够激发和维护学生的学习兴趣及参与度，帮助他们深入理解并内化学习内容。情感体验也能增强记忆，因为情感共鸣使学习内容更易被记忆，与大脑中处理记忆的区域直接相关。教学中融入感人的故事或情境等情感因素，能够有效地提升学习成效。情感也有助于学生的个人成长和自我认识，通过反思学习中的情感体验，学生能更好地理解自己的价值观、态度和信念，促使他们成长为更成熟、自我意识更强的个体。

5. 学习自主性

学习自主性认为，当学生在学习过程中拥有更多的控制权和选择权时，他们的学习效果通常更好，因为这种方法能激发学生的内在动机，增强他们的参与感和责任感。自主学习要求学生要参与设定学习目标、选择学习资源、规划学习路径和评估学习成果等过程，鼓励学生根据自己的兴趣、需求和学习风格自行导向学习。学生在这个过程中被视为积极的信息处理者，而不是被动的接受者。自主学习鼓励学生定期审视自己的学习策略和成果，识别强项和改进区域，能更有效地调整学习方法，以达到更优的学习效果。教师在这一过程中扮演着关键角色，需要提供必要的支持和资源，给予学生足够空间进行探索和实践。

（二）情境教学理论

情境教学是一种创新的教学方法，核心是将学习过程置于生动且相关的实际情境中，促进学生的深度理解与积极参与。情境教学理论基于建构主义的思想，认为学习是学生在特定情境中，通过与环境、教师和同伴的互动，主动建构知识的过程。在初中语文教学中，教师要设计真实的语言环境促进学生对语言的学习运用。例如，阅读教学中通过情境模拟或角色扮演，使学生身临其境感受文本内容，加深对其感悟和理解；写作教学中通过设计新闻报道、信件写作等真实的写作任务，提升学生在真实情境中的写作技巧和写作能力。

情境教学理论强调学习的社会性，认为学习是一个社会化的过程，学生在与他人的互动中不断建构和完善知识。在初中语文教学中，教师要鼓励学生通过小组合作、讨论交流等互动方式深化对知识的理解，提升了学生的语言运用能力，培养他们的社会交往能力和团队合作精神。情境教学理论的应用能够增强语文课堂的趣味性和实效性，有效地促进学生语言能力的全面发展和更好地掌握语言知识，并将课堂所学知识运用于实际生活中，真正实现了学以致用。

（三）社会文化理论

社会文化理论强调文化和社会环境对学生学习的深远影响，认为学习是一个社会化和文化化的过程，学生的认知发展和知识建构离不开他们所处的社会文化环境和与他人的互动。社会文化理论的代表人物是维果茨基，其内容主要包括调节论、内化论、语言论、最近发展区理论等。

1. 调节论

社会文化理论认为，个体与社会环境之间的互动主要是通过调节实现的。调节作为一种工具，能够使知识得到提炼和完善，由外在的社会文化活动转化为内在的心理功能。人类借助语言这一最重要的符号调节工具能够有效调节自己的行为，改善与他人之间的关系，实现个人与社会之间的紧密联系。社会文化理论强调社会文化环境对个体的影响作用，社会文化环境因素是促进人类心理机能发展的重要条件，人在社会中的活动能够促进人类高级心理机能的内在转化。在自我心理的调节下，个体通过与他人之间的互动，学习到知识和心理技能，并通过自我心理的调节，内化成高级的心理机能。

2. 内化论

社会文化理论认为，人与人之间的交流首先是外部的集体或社会活动。外部交流转化为个人心理是一个长期的过程，这一过程是自发的，是一系列事件发展的必然结果。内化的过程始于外部的社会互动，个体通过观察、模仿、交流等方式在外部环境中获取信息，经过反思和加工，将其转化为内在的认知结构。初中语文教学过程是通过反复的语言实践，将语言规则、文学理解和文化认知逐渐内化为个体能力的过程，教师在这一过程中扮演着促进者的角色，通过提供范例、引导反思、给予反馈等方式帮助学生加速内化过程。

3. 语言论

语言交流和思维发展，是个体在社会情境中进行意义建构和认知发展的基础。通过语言的互动，个体能够获得知识、进行思考，并通过表达深化对事物的理解。在初中语文教学中，教师需要为学生创造一个丰富的语言环境，提供多样的语言表达形式和情境，帮助学生在真实的语言环境中进行学习和实践。例如，在口语表达教学中，教师可以设置各种模拟情境，让学生在实际的语言交流中发展语言运用能力，培养他们的社会交往能力。

4. 最近发展区理论

最近发展区理论是维果茨基社会文化理论的核心概念，指学生当前的实际能力和在教师或更有经验者的引导下能够达到的潜在发展水平间的差距。最近发展区理论强调通过适当的支持和引导，学生能够在学习过程中超越现有的能力水平，达到更高的认知层次。最近发展区理论还强调个性化的教学支持，不同学生的最近发展区有所不同，教师在教学过程中应根据每个学生的具体情况，提供个性化的支持和指导，帮助学生在他们的最近发展区内获得最大程度的发展。

三、初中语文教学的理念

（一）坚持"以人为本"的教学理念

现代教学注重坚持"以人为本"的教学理念，注重改变传统的教学理念，从过去以教材为中心转变为以学生为中心，将过去的如何开展教学转变为如何引导学生自主学习，如此可体现"以学生为本，以学生的发展为本"的现代教学理念。现代教学理念倡导以学生为主体，开展语文教学要注重提升学生的教学主体地位，结合学生的身心发展特点以及语文学习特点，尊重和爱护学生的好奇心、求知欲，以多种形式引导学生开展自主阅读、自主探究，鼓励学生大胆表达自身的想法与见解，倡导学生积极开展自主、合作、探究的学习方式，推动学生获得全面发展。

（二）建立平等、和谐的师生关系

传统的语文课堂教学以教师为中心，学生只能被动地接受知识的灌输，这种教学模式无法调动学生的学习积极性，自然会影响教师的教学积极性，难以提升课堂教学质量。并且传统的教学模式容易导致师生间缺少良好的沟通与互动，难以形成和谐融洽的师生关系，不利于教学活动的顺利开展。作为新时代的语文教师，要明确学生的教学主体地位，在日常生活与课堂教学中注重良好师生关系的构建，尤其是在课堂教学中，平等和谐的师生关系可以推动教学活动的顺利开展；

师生间展开良好的互动，可以实现教学相长，从而推动教师和学生一起进步。

（三）树立"大语文"意识

听、说、读、写是学生应该具备的语文基本能力，但随着社会的发展和进步，人才标准一再提高，对学生的人才培养工作提出了更高要求，培育更多综合型人才成为学校教学工作的目标和追求。因此，需要语文教师树立"大语文"意识，展开多元化的语文教学工作。语文教师应帮助学生学习语文知识，要学会体会语文知识背后的内涵、情感等，只有这样才能促使学生深入掌握语文知识。当然，开展"大语文"教育并不只是培养学生的情感与综合思维能力，更重要的是在语文知识与现实生活间建立联系，以生活丰富语文教学内容，让生活激活语文课堂。语文是我国母语课程，所以，学习资源和实践机会无处不在。语文教师要引导学生在日常生活中多读、多看、多写、多积累，只有这样才能在大量实践中找到学习语文的规律，在课堂中更好地接受教学内容。

四、初中语文教学的基本原则

初中语文教学要遵循开放性原则、个性化原则、生成性原则和整合性原则，满足学生的学习需求，提升教学过程的有效化，如图1-9所示。

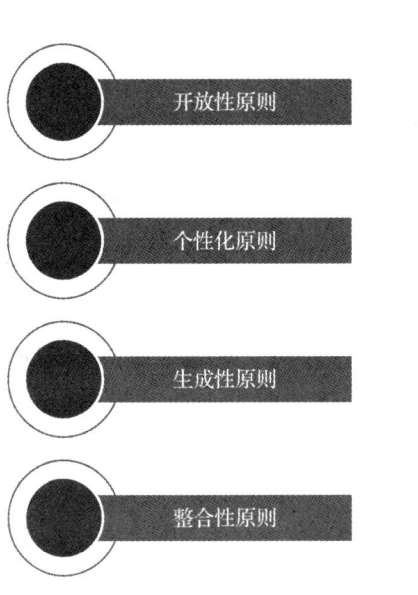

开放性原则

个性化原则

生成性原则

整合性原则

图1-9　初中语文教学的基本原则

（一）开放性原则

开放性原则强调从以传统教学的知识体系构建为主转化为实际生活中的应用能力培养为主。初中语文教学不应该局限于教材内容和传统课堂教学的模式，应该将语文教学延伸到学生的日常生活、社会实践等方面，通过多样化的教学手段，为学生提供充足的自主学习空间和锻炼机会，提升学生的语文应用能力和综合素质。开放性原则主要体现在思维开放性和手段开放性两个方面。

思维开放性要求教师具备开放性的教学思维，将初中语文教学的目标从单纯的知识传授转向学生综合素质的多维发展，促进学生持续学习能力和应用能力的发展。在语文教学过程中，教师要注重学生知识应用能力的培养，将语文教学与实际生活紧密联系起来，强调知识的应用性，有针对性地培养学生的语文表达能力、应用能力和创新能力。要突破传统的课堂教学模式，创设与现实生活相关的学习场景，引导学生应用所学的知识解决生活中遇到的实际问题。手段开放性强调教师在初中语文教学过程中要注重运用多种教育方法和手段。采用项目学习法、情境教学法等多样化的教学方法，激发学生对语文的学习兴趣，促进他们主动参与到语文学习中，培养其自主学习的能力。要灵活运用大数据、互联网等现代教育技术，积极探索"互联网＋教学"、翻转课堂教学等教学模式，保持语文教学的新鲜感和吸引力，使学生在开放性环境中形成自己的独立观点和判断力，真正做到学以致用。

（二）个性化原则

个性化原则在教学过程中关注学生的个体差异，因材施教，最大限度地发挥每个学生的潜力。

初中生处于心理发展的关键期，他们的情感反应往往较为直接和丰富。初中语文教学开展过程中要善于把握这一特点，善于从学生的情感思维入手，利用教学内容的情感色彩来吸引学生的注意力和提高其学习兴趣。教师需要深入探索学生的情感特点，根据他们的个性、兴趣和需求选择恰当的教学方法，以增强情感教育的效果。教师还要尊重每个学生对文学作品的感受，鼓励他们表达个人观点，在此基础上培养其独立思考的能力。在语文学习中有的复杂问题的答案并不是单一的，如在对文学作品进行分析时，由于个人生活经验的不同，会得出不同的解读结果。教师要充分尊重学生的结论，在此基础上引导学生形成健康的人生观、价值观和世界观。

个性化原则注重学生自主性的培养，鼓励学生结合自己的兴趣爱好，选择适合自己的学习方法和学习内容，在学习过程中发挥自己的主动性和创造性，促进学生效果的提升，为终身学习打下良好的基础。

（三）生成性原则

生成性原则认为，教学过程不是简单的知识传授过程，而是教师和学生之间共同参与、积极互动，不断生成新知识的过程。这一原则的实施，需要教师具备高度的灵敏性和灵活性，在教学过程中能够捕捉到学生的兴趣点，积极发现学生的学习需求，以便及时调整教学内容和教学策略。生成性原则鼓励学生在课堂教学中提出新问题和新观点并进行深入探讨，引导学生进行更深层次的思考，便于新知识的形成，还能够丰富课堂教学内容，激发学生对语文学习的兴趣和探究精神的培养。

初中语文教学过程不是静态不变的，而是一个充满变化发展的动态过程。在这一过程中，教师和学生需要不断进行互动，通过课堂上的交流讨论，课后作业、课外阅读等课后延伸学习，进一步拓展学习的内容，深化对知识的理解，从而在学习过程中不断形成新的知识和能力。

（四）整合性原则

整合性原则强调初中语文教学是一个系统的教学体系，是教学方法、教学内容、教学评价的有机整合，这一过程不仅仅是语文知识的传授，更重要的是构建一个全面、系统的学习环境，促进学生知识、能力、素养的全面发展和提升。内容方面，教师需要将不同类型的文本、不同风格的文学作品、不同形式的语言材料整合到一起，通过主题单元、综合性学习等方式引导学生进行多元化内容的学习。这种内容整合基础上的多元化学习能够帮助学生建立知识的关联性和系统性，形成对语言、文学、文本等方面的整体认知，增强对语文学科的体系认知和整体把握能力。

第二章　识字与写字模块

第一节　识字与写字教学概述

《义务教育语文课程标准（2022 年版）》指出：识字与写字是阅读与写作的基础，既是第一学段的教学重点，也是贯穿整个义务教育阶段的重要教学内容。[①]由此可以看出，识字与写字在语文教学中占有重要地位，它是小学和中学阶段语文教学的重要内容。

一、基本概念阐析

识字，从字面意思看，指认识文字。《现代汉语词典》中对"识字"的注释为：认识文字；知晓文字字音，精于训诂。由此可以看出，识字的重点是对字音、字形、字义的理解和掌握。写字则包括汉字的书写规范、书写美感以及书写速度等方面的训练，使学生能够准确、规范、清晰地书写汉字。

识字与写字教学指在一定的学习阶段内，教师根据教学目的，采用简单易懂的方法把汉字的字形、字音、字义教授给学生，让初中生在整个阶段认识 3500个左右常用汉字，正确、工整、有速度地书写汉字，培养鉴赏书法作品的能力，更重要的是养成良好的学习习惯，能正确使用文字顺畅地表达自己的想法和情感，培育热爱祖国语言文字的情感，认识中华文化的博大精深。[②]识字与写字是初中语文教学中密不可分的两个方面。识字是写字的前提，写字是识字的巩固和深化。识字能够帮助学生积累词汇，扩大阅读面，提升理解和表达能力。而写字能增强学生对汉字的记忆，培养细致认真的学习态度，提高书写能力和审美素养。识字与写字教学不仅是语文学习的基础，也是学生文化素养和综合素质培养

---

① 中华人民共和国教育部 . 义务教育语文课程标准（2022 年版）［M］. 北京：北京师范大学出版社，2022.

② 刘伟茜 . 初中语文识字与写字教学中的问题及其策略研究［D］. 广西民族大学硕士学位论文，2019.

的重要组成部分。

二、识字与写字教学的主要特点

识字与写字教学的主要特点包括基础性与全面性、系统性与阶段性、传承性与创新性等，如图 2-1 所示。

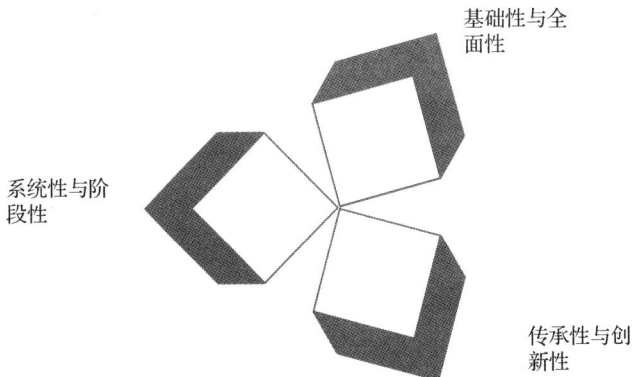

图 2-1 识字与写字教学的主要特点

（一）基础性与全面性

识字与写字教学在初中语文教育中具有极其重要的基础地位。这不仅体现在其对学生语言能力的直接影响上，还体现在其对学生整体认知发展和文化素养提升的深远影响上。

识字教学是学生语言学习的起点，是学生获取信息、理解文本的基本能力。通过识字，学生能够认识并理解汉字，从而读懂文章、获取知识。这种基础能力的掌握，直接关系到学生能否顺利进行后续的语言学习和学科学习。在初中阶段，学生已经具备了一定的识字基础，但随着学习内容的加深，学生需要识记更多的生僻字和专业术语，进一步扩大词汇量，为更高层次的阅读和写作打下坚实基础。写字教学是学生表达思想、交流信息的基本技能训练。规范、清晰地书写，不仅是学生语言表达的重要手段，也是个人文化素养的体现。写字教学通过训练学生的书写技能，提高他们的书写质量和书写速度，使他们能够在学习和生活中准确、流畅地表达自己的思想。写字能力的提升，对学生的学习习惯和学习效率具有重要影响。

识字与写字教学的全面性还体现在其内容和方法的多样化上。识字教学不仅包括汉字的形、音、义的识记，还涉及汉字的字源、字形演变、词义扩展等内容。写字教学不仅关注书写规范，还包括书写美感、书写速度、书写习惯的培养。通过全面的识字与写字教学，学生能够系统地掌握汉字知识，提升语言能力和文化素养。识字与写字教学的基础性还体现为其对学生其他学科学习的重要支持作用。学生在各科学习中都离不开对语言的理解和表达，良好的识字与写字能力能够提高学生在各科学习中的表现。无论是阅读理解、作业书写，还是考试答题，识字与写字能力都直接影响学生的学习效果。因此，识字与写字教学不仅是语文学科的基础，也是学生全面发展的重要基础。

（二）系统性与阶段性

识字与写字教学具有明显的系统性与阶段性，教学过程需要按照一定的规律和步骤进行，逐步引导学生掌握汉字和书写技能。识字与写字教学的系统性体现在教学内容的科学安排和教学方法的系统应用上。识字教学需要根据汉字的形、音、义特点，科学安排教学内容。汉字的结构复杂多样，有独体字和合体字，有象形、指事、会意、形声等不同类型，识字教学需要按照汉字的特点，系统讲解汉字的构成规律和识记方法，使学生能够举一反三，掌握更多的汉字。写字教学需要按照书写规范，系统训练学生的书写技能。写字教学包括笔画、部首、结构、章法等方面，教学过程中需要系统讲解每个环节的书写要点，并通过反复训练，使学生逐步掌握正确的书写方法。系统的写字教学能够帮助学生形成良好的书写习惯，提高书写质量和书写速度。

识字与写字教学的系统性还体现在教学方法的系统应用上。识字教学可以通过讲解、演示、练习、游戏等方法，使学生在多种感官的参与下，系统掌握汉字的形、音、义。写字教学可以通过示范、练习、作品展示、书法欣赏等方式，系统提高学生的书写技能和书写兴趣。通过系统的教学方法，学生能够在循序渐进的过程中，逐步提升识字与写字能力。识字与写字教学的阶段性体现在教学目标的分阶段实现和教学内容的逐步深化上。识字教学需要根据学生的年龄特点和认知能力，分阶段安排教学目标。小学阶段主要是基础汉字的识记和简单词汇的掌握，初中阶段是巩固基础汉字，识记更多的生僻字和专业术语，同时加强对词汇的理解和运用。

写字教学需要根据学生的书写能力分阶段进行训练。小学阶段主要是笔画、部首、结构的规范书写，初中阶段则是提高书写速度和书写美感，同时培养学生的书写习惯和书法素养。通过分阶段的写字训练，学生能够逐步提高书写水平，形成良好的书写习惯。

识字与写字教学的阶段性还体现在教学内容的逐步深化上。识字教学从简单到复杂，从基础到高级，逐步引导学生掌握汉字的构成规律和识记方法。写字教学从规范书写到提升书写速度和书写美感，逐步提高学生的书写技能和书写水平。通过逐步深化的教学内容，学生能够在不断的学习和实践中，全面提升识字与写字能力。识字与写字教学的系统性和阶段性还体现在评价和反馈机制的设计上。通过科学的评价标准和方法，教师可以及时了解学生的学习情况，发现问题，并进行针对性的辅导和调整。在识字教学中，通过测验、口头提问、书面作业等方式评价学生的识字效果。在写字教学中，通过书写比赛、作品展示、教师点评等方式评价学生的书写水平。另外，及时的反馈和指导有助于学生不断改进和提高。

（三）传承性与创新性

识字与写字教学不仅是语言学习的基础，同时也是中华文化传承的重要途径。汉字作为中华文化的重要载体，承载着丰富的历史和文化内涵。识字与写字教学需要注重文化传承，通过介绍汉字的历史、文化背景和演变过程，增强学生对汉字的理解和热爱。同时，教学需要注重创新，结合时代特点和学生的兴趣，探索新的教学方法和手段，使识字与写字教学更加生动、有效。识字与写字教学的传承性主要体现在对汉字文化的传承和弘扬上。汉字是中华文化的重要载体，具有深厚的历史和文化内涵。通过识字教学，学生能够了解汉字的起源和演变，认识汉字的形、音、义，理解汉字的文化背景和象征意义，增强对中华文化的认同感和自豪感。

汉字的书写不但要求规范、清晰，还要美观、富有艺术感。通过写字教学，学生能够欣赏书法艺术的魅力，学习书法的基本技巧，培养审美素养和艺术素养。书法作为中华文化的瑰宝，通过写字教学得以传承和弘扬。识字与写字教学的传承性还体现在对中华传统文化的传递上。汉字作为中华文化的重要组成部分，与诗词、文赋、典籍等文化载体紧密相连。通过识字与写字教学，学生能够接触和了解更多的传统文化，学习古代经典，继承传统文化精华，增强文化自信。

识字教学可以通过多种新颖的方法，从而激发学生的学习兴趣。利用多媒体教学软件，通过动画、视频、游戏等形式，生动展示汉字的形、音、义，增强学生的识字体验和记忆效果。通过情境教学，将汉字学习与实际生活、社会现象相结合，使学生在具体的情境中认识和理解汉字，增强学习的实用性和趣味性。写字教学的创新性也体现在教学手段的多样化上。利用现代科技手段，借助电子书法板、写字机器人等设备，提高学生的书写技能和书写兴趣。通过网络平台和社交媒体，开展书写展示和书法交流活动，拓宽学生的书写视野，提升书写水平。写字教学可以结合艺术创作，通过书法与绘画、雕刻等艺术形式的结合，激发学生的创作灵感，培养综合艺术素养。识字与写字教学的创新性还体现在教学内容的更新和拓展上。根据时代的发展和学生的需求，不断更新识字与写字的教学内容，增加新的词汇和书写形式，丰富教学资源。通过跨学科的教学方式，将识字与写字教学和其他学科知识结合起来，拓宽学生的学习视野，提升综合素质。

第二节　识字与写字教学的重要性

识字与写字在初中语文教学中具有不可替代的作用，通过识字与写字教学，学生能够掌握丰富的知识，思维、情感、社会交往、文化素养等方面也会得到全面的发展和提高。识字与写字教学的重要性主要体现在丰富学生的知识储备、奠定其他学科的学习基础、提升学生的创造力和想象力等方面，如图 2-2 所示。

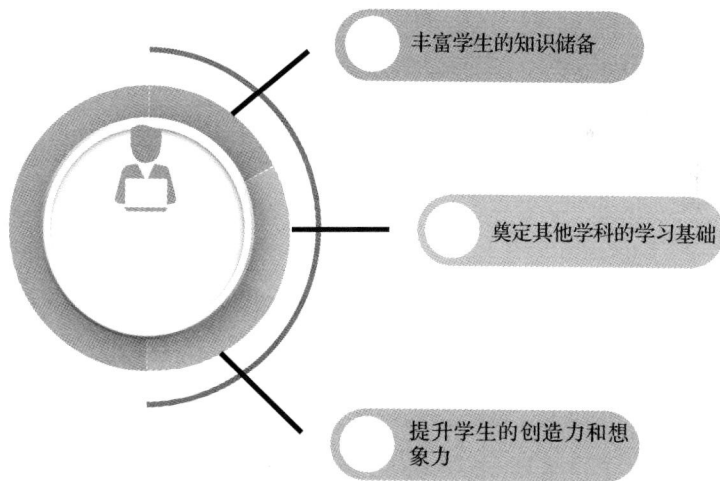

图 2-2　识字与写字教学的重要性

一、丰富学生的知识储备

识字与写字教学是语文学习的基础，对语文教学的整体质量和学生的知识获取都有着重要影响。识字是学生获取信息、了解世界的基本途径，而写字是学生表达思想、传递信息的重要手段，通过识字与写字教学，学生能够从书籍、报纸、网络资源等各种各样的文本资料中获取丰富的信息，扩大自己的知识储备，拓展他们的认知范围和世界观。

识字是学习的基石，学生通过识字教学牢固掌握了汉字的字音、字形、字义等基础知识，具有了一定的汉字积累后才能理解文本表达的思想感情，顺利进行阅读和写作，学习文化知识和用文字表达情感。识字对促进学生思维的发展也大有益处。识字过程中需要对汉字的结构进行从部分到整体、从整体到部分的分析，还需要对字义的理解和实际运用进行一系列的思维活动，对学生观察能力、分析能力、理解能力等能够起到促进作用，对其整体思维能力的发展具有很大帮助。写字是一项重要的语文基本功，写字过程不仅能够提高学生的书写能力，还能够培养学生的语感，促进其理解能力、语言运用能力的提升。通过写字教学中字、词、段落的练习，学生能够巩固字词知识并准确运用，加深对句子、段落的理解，在提高写字水平的同时促进多种语文学科能力的发展。在写字教学中，学生要掌握精准的笔顺和书写格式，培养书写美感，规范、端正、整洁地书写汉字是进行有效书面交流的基本保证，对陶冶学生的情操、培养其审美能力和对文化认同感具有重要意义。学生在写字过程中可以感受到汉字的文化意蕴和艺术美感，增强对语文学科的学习兴趣，培养审美情趣，提高对文字美感的认知和理解能力。通过系统的识字与写字教学，学生的知识储备得以扩展，他们可以阅读更多类型的书籍和文献，接触到从科学到文学不同领域的思想和信息，在学习、工作乃至日常生活中更加得心应手。

二、奠定其他学科的学习基础

识字与写字教学具有跨学科的重要性，是语文教学中不可或缺的一部分，也是学生学习其他学科知识的基础，能够为各个学科领域的学习提供必要的工具和前提条件，影响其学术表现和综合能力的发展。

初中教育阶段，数学、历史、物理、化学、地理等学科的教科书和资料都是通过文字来记录和传达的，学生只有掌握识字能力，对文字进行准确理解和有效阅读，才能够更好理解和掌握这些学科的内容。写字教学对其他学科的基础性作用不容忽视。书写能够帮助学生在其他学科的学习过程中做好笔记、表达自己的思想、展示自己的学习成果。课堂笔记、课后作业、实验报告等形式都需要学生具备良好的写字能力，能够更好组织语言，逻辑清晰地分析事件以及表达自己的观点。在具体学科学习中，无论是解答数学问题、撰写实验报告，还是书写历史论文，良好的书写能力都能使学生的答案更加清晰、逻辑性更强。书写的过程不仅是简单的文字记录，更是思维过程的体现，通过书写，学生可以清晰地组织自己的思路，更好地理解和掌握复杂的学术概念和知识内容。

在识字与写字教学学习过程中，学生通过广泛的阅读，接触到各种观点和信息，通过对这些信息的深入分析，能够形成他们自己的观点，对其他学科的学习来说是非常重要的。识字与写字教学对其他学科学习的支持作用还体现在跨学科的学习能力上。现代教育越来越强调学科之间的联系与整合，学生需要在不同学科之间进行知识的迁移和应用，而这种跨学科学习能力的培养离不开良好的识字与写字能力。通过识字，学生能够在不同学科的文本中提取有效信息，通过写字，学生能够将不同学科的知识进行整合和表达，识字与写字教学使学生能够在多学科的学习中游刃有余，促进了他们的全面发展。

三、提升学生的创造力和想象力

初中阶段，学生的思维正处于由具体思维向抽象思维过渡的时期，也是创造力和想象力培养的重要时期，这一时期，思维的发展、创造力和想象力的提升都离不开识字与写字教学的支持。

通过识字教学，学生能够积累丰富的词汇量，为他们的思维和表达提供了更多的可能性，不再局限于有限的词汇和句式，能够自由组合创造出新的语言表达方式。写字既是对知识记录和表达的过程，也是对新思想的构建过程，这一过程中创造力和想象力被充分激发出来。学生在写字教学中能够突破思维定式，通过探索新的写作风格和表达方式来自由表达自己的思想，在语言的世界里自由驰骋。

随着知识经济的兴起和创新型人才的需求增加，创造力和想象力已成为学生必须具备的关键素质。识字与写字是阅读和写作的基础，通过阅读不同类型的文学作品，学生可以接触到广泛的思想和文化背景，这些阅读体验能极大地开阔学生的思维，提高他们理解和感知世界的能力。另外，通过写作练习尤其是创造性写作，学生能够将内心的想法和感受转化为具体的文字表达，实现个人内心世界与外部世界的有效交流。通过系统的识字与写字教学，学生的创新思维和问题解决能力得以增强，在面对复杂问题或挑战时，具备良好的阅读和写作能力的学生能够更快地获取相关信息，更有效地分析问题，并通过创造性思维找到解决方案，这一过程也是学生创造力和想象力提升的过程。

第三节　识字与写字教学的多元化策略

《义务教育语文课程标准（2022年版）》指出："识字与写字教学应结合学生的生活经验，采用形象直观的教育手段，创设丰富多彩的学习情境，综合运用随文识字、集中识字、注音识字、字理识字等多种识字方法，逐步发展学生识字、写字能力。"[①] 在初中语文教学中，识字与写字教学占据了重要的地位，为了更好地满足学生的学习需求，提升教学效果，教师需要采用多元化的教学策略。

一、确立课堂教学目标

在识字与写字课堂教学中，目标的确立要结合课程的具体要求和学生的实际水平，确保课堂教学目标能够帮助学生掌握基本的识字与写字技能，更好培养他们的语言理解能力、表达能力和综合素质。

识字与写字课堂教学目标的设定要做到以学生为中心，充分关注学生教学过程中的发展变化和实际需求。不同阶段的学生课堂教学目标的侧重点也应该有所不同。低年级学生的识字与写字课堂教学目标应该注重基础字词的掌握和运用，高年级学生的识字与写字课堂教学目标应侧重于文字的书写规范与表达能力的提升。在课堂教学目标设定过程中，要将学生的语言能力、学习兴趣、学习习惯等因素纳入考虑范围，通过分阶段、分层次的目标设计，确保学生能够在循序渐进中达到预期的学习效果。

识字与写字课堂教学目标还要与学生的日常生活紧密联系起来，注重教学的实践性和实际应用性。在实际情境中，目标的融入能够帮助学生提升对字词的理解和实际应用，在具体的情境中内化知识，提升学生语言运用的综合能力。

二、丰富课堂教学方法

在识字与写字教学中，丰富课堂教学方法是提升教学效果的关键。教师需要灵活运用不同的教学方法，促进学生对知识的掌握和全面发展。常见的教学方法如图2-3所示。

---

① 中华人民共和国教育部.义务教育语文课程标准（2022年版）［M］.北京：北京师范大学出版社，2022：22.

情境教学法

互动教学法

多媒体辅助教学法

项目教学法

阅读教学法

图 2-3　识字与写字教学中常见的教学方法

（一）情景教学法

情景教学法通过创设真实或模拟的生活情境，将识字与写字教学融入具体的情境中，帮助学生在实际语境中理解和掌握字词的含义及用法。这种教学方法能够激发学生的学习兴趣，增强学习的直观性和趣味性。在识字教学中，教师可以通过将抽象的字词知识与具体的生活场景相结合，帮助学生理解和记忆字词。例如，教授与日常生活相关的字词时，教师可以通过模拟生活场景、角色扮演等方式让学生在情境中练习运用这些字词，帮助学生理解和记忆字词，培养他们的语言应用能力。在写字教学中，同样可以通过情境创设帮助学生在具体的写作任务中运用所学的字词，提升其文字表达的规范性与准确性。比如，教师可以设计写一封信、写日记或编写故事等具体情境，让学生在情境中运用所学的字词进行写作练习。

（二）互动教学法

互动教学法强调师生之间、生生之间的互动交流，通过互动活动促进学生对字词的理解和掌握。教师可以组织学生进行小组讨论、角色扮演、字词竞赛等活动，让学生在互动中相互启发、共同进步，提高学生的学习积极性，培养他们的团队合作精神和表达能力。在互动教学中，教师不再是单纯的知识传授者，而是学生学习的引导者和参与者，通过与学生的互动，教师可以及时了解学生的学习情况，并根据学生的反馈调整教学策略，提高教学效果。学生在互动过程中也能够增强自信心，提高语言表达能力，并学会倾听和尊重他人的意见，培养良好的沟通能力。在识字教学中，教师可以让学生分组讨论某个字的多种用法，并通过角色扮演展示出来，加深学生对该字的理解，锻炼他们的表达和合作能力。

（三）多媒体辅助教学法

多媒体辅助教学法为识字与写字教学提供了新的手段和途径，利用计算机、投影仪等现代化教学工具，将文字、图像、声音等多种媒体手段结合起来，增强了识字与写字教学的直观性和生动性。在教学过程中，教师可以利用多媒体课件展示汉字的演变过程、书写规则和实际应用，帮助学生更好地理解和记忆字词，以满足不同学生的学习需求，提高教学效果。多媒体辅助教学法的优势在于其丰富的表现形式和互动性强的特点。通过多媒体课件，学生可以看到汉字的动态演变过程，听到标准的发音，增加对字词的感性认识。多媒体技术还可以模拟真实的书写环境，帮助学生掌握正确的书写姿势和笔画顺序，提高书写的准确性和美观度。教师可以利用动画演示汉字的书写过程，学生通过观察和模仿可以更好地掌握书写技巧并在实践中反复练习，从而加深记忆。多媒体辅助教学法可以通过丰富的资源拓宽学生的知识面。通过网络，教师可以获取汉字的历史演变、文化背景等教学资源丰富课堂内容，激发学生的学习兴趣。

多媒体辅助教学法的优势还在于它能够丰富课堂的呈现形式，使教学内容更加生动有趣，吸引学生的注意力。教师可以利用多媒体技术创建多感官的学习环境，让学生在视觉、听觉和触觉的多重刺激下全面感受和理解字词及其用法，有效提升学生的学习效率，并帮助他们在多样化的学习过程中形成对字词的深刻理解和灵活运用。

（四）项目教学法

项目教学法通过设计实际的项目任务，鼓励学生在解决具体问题的过程中运用所学的字词与语言知识。项目教学法强调学生的自主性与创造性，学生在完成项目任务时需要综合运用多种能力，提升其综合素质。在识字与写字教学中，教师可以设计一些有趣的项目任务，让学生在项目中运用字词进行表达和书写。比如，教师可以设计一个"编写故事"的项目，要求学生运用所学的字词结合自己的想象力和创造力，编写一个完整的故事。学生不但需要识别和运用字词，还要学会在不同的语境中灵活运用语言进行有效表达，通过这种项目教学法，学生能够在实践中加深对字词的掌握，提升他们的语言运用能力。

在项目教学法中，教师的角色是引导者和协调者，帮助学生制订项目计划，提供必要的资源和指导。在项目完成后，通过展示和评比，学生可以相互学习和借鉴，提高学习效果。教师可以通过组织项目展示会的形式，让学生介绍自己的项目成果并相互评议，从而激发学生的成就感和自信心，促进他们的进一步学习和发展。

（五）阅读教学法

通过大量的阅读，学生能够接触到丰富的字词和语言表达方式，提升他们的识字能力和写字能力。教师要选择适合学生水平的阅读材料，帮助他们在阅读中积累字词，提升语言感知力。在阅读教学中，教师可以引导学生在阅读过程中关注文本中的关键词语，并通过精读、默读、朗读等多种阅读方式，帮助学生在不同的阅读层次上提升语言理解与表达能力。教师可以通过阅读后的写作训练，帮助学生将阅读中的字词运用到写作中，通过模仿与创造性写作，提升他们的写作技巧和表达水平。通过阅读教学法，学生能够在大量的阅读实践中积累语言素材，提升识字与写字的综合能力。

阅读教学法通过大量的阅读活动，增强了学生对字词的感知和理解能力。教师可以推荐一些适合学生阅读的书籍、文章，鼓励学生进行课外阅读，并在阅读过程中积累和掌握字词，以便提高学生的语言能力和阅读兴趣，培养他们良好的阅读习惯。阅读教学法的关键在于选材和指导，教师要根据学生的年龄特点和兴趣爱好选择适合的阅读材料，保证趣味性和知识性能同时兼顾。教师在阅读过程中要进行适当的指导，帮助学生理解和掌握文章中的字词和句式。教师还可以组织读书分享会，让学生交流阅读心得，激发他们的阅读热情，培养良好的阅读习惯。

三、提高学生的学习兴趣

学生对学习的兴趣能够对学习效果产生直接影响，尤其是在识字与写字教学中，通过多种途径提高学生的学习兴趣，对于他们的语文学习尤为重要。

（一）开设书法课程，培养书写兴趣

书法艺术是中华文化的重要组成部分，对于培养学生的书写能力及提升文化品质和审美能力具有重要作用。针对当前初中生汉字书写方面的具体问题，学校可以根据实际情况开设书法课程，使学生在掌握规范的书写技巧的同时，通过书法的学习感受到汉字的艺术美，让学生在潜移默化中感受到汉字的魅力，增强其对学习汉字的兴趣。

（二）利用网络平台，提供学习资源

随着信息技术的快速发展，网络学习资源变得日益丰富。虽然网络环境可能带来一些负面影响，但在正确的引导下，网络资源可以极大地激发学生的学习兴趣。教师可以向学生推荐如手机应用程序"新华字典"等高质量的在线学习平台，通过这些工具轻松地获取汉字的笔顺、部首、拼音等详细信息，帮助学生深入了解和快速记忆汉字。教师还可以推荐如古诗词网、诗词学习网等专门的诗词学习平台，帮助学生学习诗词，提高学生的文言文水平，并丰富他们的文化素养。

（三）组织课外活动，提升学习体验

课外活动通过提供非正式的学习环境，让学生在轻松愉快的氛围中探索和学习识字与写字技能，更好地发挥其教育潜力。通过各种形式的课外活动，学生能够提升自己的汉字识别和书写能力，更能深入地理解汉字的文化和艺术价值，在享受学习的乐趣的同时，增强其对传统文化的认同感和自豪感。

1. 竞赛类活动

设计有吸引力的识字与写字竞赛活动，可以有效激发学生的学习兴趣和参与热情。例如，"汉字拼接大赛"类的竞赛活动要求参赛者利用已知的字根和部件，在规定时间内组合出正确且数量最多的汉字，这样的活动既考验了学生的知识运用能力，也增强了学生对字形结构的理解。"谁是识字冠军"类的竞赛活动则通过快速抢答形式，挑战学生在限定时间内识别并正确读出尽可能多的汉字，这种形式的游戏化学习能够大幅提升学生的参与感和学习动力。

2. 展示类活动

课外活动中融入书法作品展示类的活动可以极大地提升学生的学习兴趣和自信心。传统的书法作品展览虽有其价值，但往往因形式单一而难以持续吸引学生关注。教师要创新展示的形式和内容，如将书法作品贴在定制的杯子、T恤或装饰画框中，这样的个性化展示能够更好地展现学生的艺术感和创造力，让学生将自己的书法作品创意性地展示出来。还可以组织关于书法展示的互评活动，让学生勇敢展示自己的作品，并且对其他同学的作品进行评价。这种互动性强的活动能够增进学生之间的交流与理解，培养他们的审美能力。

四、提升教师的专业素养

语文教师不但需要具备扎实的语言知识，还要具备丰富的教学经验、掌握灵活的教学方法，才能够保障识字与写字教学的有效开展。为提升教学效果，教师

要不断加强自身的专业素养，不断丰富自己的知识体系和专业能力，提高课堂教学的质量。具体可以采取的措施如图 2-4 所示。

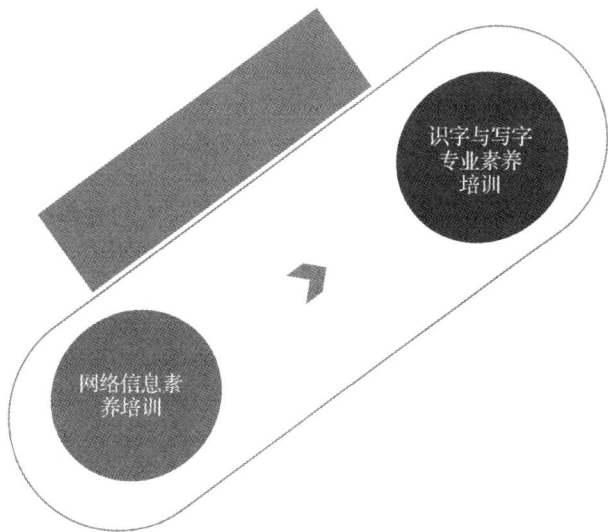

图 2-4　提升教师的专业素养

（一）识字与写字专业素养培训

通过邀请教育领域的专家和学者定期举办讲座，可以让教师接触到最新的教育理论和先进的教育方法。通过让具有丰富经验的专家与学者分享识字与写字教学的策略，或利用网络平台进行远程教育培训的方法，提供实时互动和即时反馈，能够增加教师的知识储备，激发他们对教育创新的兴趣。要定期组织举办同行教师的交流会议，教师可以共享他们的教学经验，讨论教学中遇到的问题，并共同探讨解决方案。例如，可以安排开放课堂，让教师相互访问并观察对方的教学，然后针对观察到的教学实践进行深入讨论，帮助教师从同行的反馈中看到自己的优点和不足，从而进行有效的自我提升。还可以利用现代技术手段记录教学实践，如通过视频录制教学过程，然后在同行中回放，对教学过程进行点评和讨论，以帮助教师更直观地认识到自己在教学中的行为模式和可能的错误，通过集体的智慧找到改进的途径。

（二）网络信息素养培训

网络时代信息化已成为教育发展的一个重要方向。对于初中语文教师而言，利用现代信息技术提升识字与写字教学的效率是语文教学的发展趋势。为提升教师的信息素养，可以通过整合 TPACK（技术、内容、教学法）框架，以更具系统性的方法来设计网络信息素养培训。这一框架能帮助教师在识字与写字教学中有机结合技术、内容知识和教学法知识，以提升教学效果。

1. 技术内容培训

结合书法与汉字教学内容进行具体的技术培训。例如，如何利用汉字书写应用、在线字典及书法教学视频资源展示汉字的笔画和结构。通过 TPACK 框架，教师可以学习如何有效选择、整合并应用这些技术工具，并将其嵌入课程设计中。

2. 教学法结合

培训中应重视教学法与技术的结合，如借助网络平台上的互动式学习工具，设计学生感兴趣的写字、书法活动和测试。通过技术辅助，教师可以在课堂中使用交互式 PPT、电子白板等，创建基于项目的学习体验，促进学生对汉字的深刻理解和兴趣培养。

3. 同行交流与反思

利用 TPACK 框架的整体性，鼓励信息技术能力较强的教师为同事提供支持，并在培训后进行反思性交流。通过分享教学案例，分析成功与不足，教师可以在实际应用中不断优化和改进策略。学校还要定期举办基于 TPACK 的教学技能竞赛，激发教师的创造性和持续学习的动力，形成一种教学创新的文化氛围。

第三章　表达与交流

第一节　口语表达与交流的价值

在新课程标准中，原来的学段目标"习作、写作、口语交际"变更为"表达与交流"，这是语文技能目标向语文素质目标转型的典型表述，重构了传统的听、说、读、写概念，体现了多层面的整合特质。①

语文教学应该兼顾口语课程和书面语课程，口语教学的价值不应该被忽视，其对个人、社会的发展都具有重要的价值，如图 3-1 所示。

促进学生自我认知和人格的完善

拓展口语文化传播的空间

打破"重文轻语"的传统

提升学生的语文核心素养

图 3-1　口语表达与交流的价值

一、促进学生自我认知和人格的完善

口语是人类最基本的语言形式，从呀呀学语开始几乎伴随人的一生。对于初中生来说，口语表达与交流对他们的成长来说必不可少，尤其是作为语文学科的

---

① 魏小娜.核心素养视域下的"表达与交流"：概念重构、内容更新与教学变革［J］.课程·教材·教法，2024，44（5）：87-93.

一项重要课程，对学生的自我认知和人格完善都具有不可忽视的作用。口语表达与交流，从本质上说是以言语为自我构建材料的信息交互过程，人类社会正是通过这种言语的信息交互而实现人机互动，构建良好的社会关系，这也正是个体认知和人格完善的重要条件。在人际交往过程中，口语表达与交流能够使学生形成正确的自我认知和期待，有助于积极、健康人格的培养。通过与他人交往过程中的口语表达与交流，个体能够感知交流对象的言语和所表达的情感，还能更好地展示自己的见解和才华，促进自我人格的完善。

初中生正处于心理比较敏感的年龄，特别是内向、自卑的学生，内心的情感有时候羞于用语言表达。因此，语文教学实践中，要加强对学生口语表达与交流方面的训练，培养他们的自信心和良好语言表达能力，促进其人格的发展和完善。通过与同伴、教师的互动，学生借助言语的传递使内心的情感得到抒发和调节，进一步增强了心理韧性和情感的调节能力，为健康成长提供了有力的支持。

二、拓展口语文化传播的空间

口语文化是维系民族、社会、个体存亡的生命线，是民族发展的源泉。[①]语言的出现要早于文字，同样口语文化的产生也要远远早于书面文化，但是，书面文化能够通过甲骨、竹简、纸张等载体得以保存下来，而口语文化囿于技术的限制，在早期历史发展过程中难以得到传承和保存。随着录音、影像等技术的发展，口语文化得以通过多种形式保存下来，并在日常生活应用中不断创新，展现出多元而深厚的民族传统。口语文化作为人类社会文化的重要组成部分，承载了丰富的历史和社会价值观念，通过口语表达与交流的学习，学生得以接触和传承口语文化中的精髓，使这种文化形式得以更好延续下去。

口语表达与交流包含广泛的文化背景，不仅仅局限于课堂上书本内容的讨论，还可以延伸到对传统文化、地方文化乃至全球文化的探讨。在这一过程中，学生既是文化的接受者，也是文化的传播者，通过口语表达与交流能够与他人分享自己对文化现象的见解，丰富自己的文化体验，促进对多元文化价值的理解和认同。网络技术和社交媒体的发展，为口语表达与交流提供了更广阔的平台，打破了口语文化传播的空间、时间等方面的限制，使学生在课堂内外、不同地域间都能够进行口语的交流和互动。

---

① 田良臣.语文科口语课程的多维研究［M］.贵阳：贵州人民出版社，2006.

三、打破"重文轻语"的传统

"重文轻语"顾名思义是比较重视学生的书面表达能力，而忽视其口头表达能力，这种现象在传统教育模式下比较常见。随着社会的发展，口语表达能力与个人发展和社会适应的重要性日益凸显。口语表达与交流打破了"重文轻语"的限制，突出了口语表达交流的重要性和现实意义，使口语表达与交流在教育中受到了应有的重视。学生通过口语表达与交流的学习，能够在言语表达上获得更多的机会和发展空间，在语言实践中不断提高自己的思维能力和表达能力。重视口语表达与交流意味着在初中语文教学过程中要关注学生言语表达能力的提高，通过开展课堂讨论、演讲比赛等各种形式的口语表达与交流活动，为学生创造更多的口语实践机会。通过这些活动，学生的言语表达能够得到很大提升，并获得语言学习方面的成就感和满足感，进一步增强言语表达与交流学习的信心。

四、提升学生的语文核心素养

语文核心素养指学生在积极的语言实践环境中积累与构建起来，并在真实的语言语用情境中表现出来的语言能力及品质，是学生在语文学习中获得的语言知识与语言能力、思维方法与思维品质、情感态度与价值观的综合体现。[1]通过口语表达与交流的学习与训练，学生语言的应用能力、逻辑思维能力、审美鉴赏能力、文化理解能力等方面都能够得到发展和提高，在语文学习中变得更加自信和从容。

口语表达与交流注重对学生语言能力的锻炼，强调不同情境下语言表达与交流方式的灵活性，这种语言实际应用能力正是语文核心素养的体现。通过语言环境中的不断实践，学生的语言表达能力能够得到有效提升，面对复杂的交流情境时，能够更加自如地用语言进行表达和交流。在口语表达与交流过程中，学生需要将自己的思想和观点按照一定的逻辑顺序进行组织和表达，这一过程也是对学生思维能力的锻炼。经过不断的口语训练，学生的逻辑思维能力和表达能力能够得到有效提升，在表达自己的观点时会更加清晰、有条理。这种逻辑思维能力的提升对语文学习具有很大的促进作用，也为其他学科的学习提供了有力支持。

在朗诵、演讲等口语表达活动中，学生需要通过语音、语调、节奏等多种表达方式来表现语言的艺术魅力，这种多感官的审美体验使学生在口语表达中能够

---

[1]　魏定乾，夏志英.培养核心素养的课堂模式初探［J］.中学语文，2020（18）：69-72.

更加深刻地感受到文学作品中的美感和情感，有利于其审美鉴赏能力的培养。审美鉴赏能力对提升学生的语言表达水平，增强他们对语言艺术的欣赏能力具有很大帮助，为学生在语文学习中获得更高层次的满足感提供了可能。在口语交流中，学生还会接触到不同的文化背景和价值观念，这种多样化的文化体验能够帮助他们加深对文化内涵的理解，学会如何尊重和理解不同的文化，这种文化理解力的提升使他们能够在多元文化环境中保持开放和包容的心态，对未来的社会生活和职业发展具有重要的价值。

第二节　口语表达与交流的实施

口语表达与交流在现代社会中的重要性日益凸显，新课程标准中关于口语表达与交流的培养目标顺应了这一时代发展的要求，注重对学生口语应用能力的培养。口语表达与交流的实施强调在一定的原则和要求下进行，以促进其焕发新的活力。

一、口语表达与交流的实施原则

口语表达与交流教学过程中要遵循根植语文实践、依托口语训练、立足文明交往、致力终身发展等原则（见图3-2）。这些原则的综合实施培养了学生的综合语言能力和社会适应能力，帮助他们在未来的社会生活中更好地表达、沟通、适应和成长。

（一）根植语文实践

新课程标准强调口语表达与交流的实用性，将口语教学置于真实的语文实践环境中，使学生积极参与其中，运用所学知识提升思维深度和表达能力。语文实践为学生提供了丰富的语言素材和情境，使口语表达和交流走出课堂教学的理论层面，与生活中的具体情境相结合。学生通过倾听、阅读、观察等方式对信息进行整合，将语言方面的理论知识转化为实际的表达能力，在恰当的情境中进行清晰表达。

（二）依托口语训练

语言能力的提升不是一蹴而就的，需要经过长期的持续训练才能够实现。在初中语文教学中，教师要通过科学合理的口语训练方法，遵循从简到难的原则，引导学生逐步提升口语表达能力。系统化的口语训练能够帮助学生掌握不同场合下的言语表达技巧，针对日常对话、演讲、商务谈判等不同的场合提高言语的流

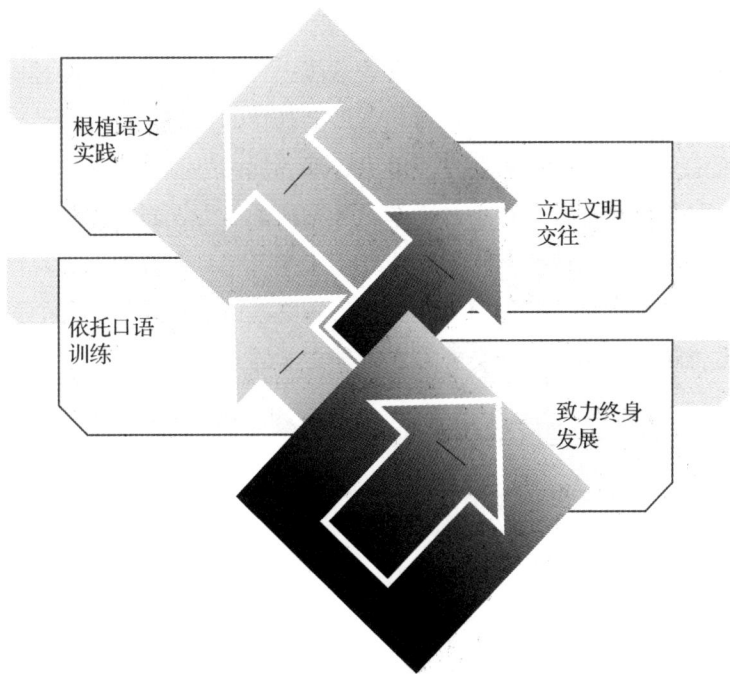

图 3-2　口语表达与交流的实施原则

畅性和表达的准确性。这种有针对性的训练使他们的思维逻辑和语言组织能力得到有效提升，自信心得到增强，在面对各种言语情境时能够应付自如。教师设计口语训练时要结合学生的实际水平和实际需求，逐步提高训练的难度。教师在进行口语教学时要提供充分的自由表达空间，尤其对那些不愿意主动发言的学生进行鼓励和引导，帮助他们从敢于表达到乐于表达再到善于表达，逐步提升他们的口语表达能力。

（三）立足文明交往

　　口语表达的实施应强调文明礼仪和社会规范的遵守，培养学生在语言交流中的文明素养，在对学生进行语言能力的培养时，注重对其社会行为和道德规范的教育。尊重他人是文明交往的基础，在口语表达与交流过程中，学生要充分尊重对方的观点和立场，掌握语言运用的技巧，在潜移默化中培养良好的文明习惯。在口语表达与交流中，还要注意表达方式的恰当，通过训练，学生能根据不同交流场所、不同交流对象来选择恰当的言语表达方式，以实现有效沟通。

（四）致力终身发展

　　教育的终极目标是促进学生的全面发展，使其终身受益。特别是在学生身心迅速成长的青春期，更应重视他们的表达能力和心理健康。教师应鼓励学生勇于自我表达，通过口语交流培养他们的表达能力，使他们在遇到心理困扰时能适时表达自己的需求，获取必要的支持与帮助。教育的目的不仅仅是让学生掌握知识，更重要的是提高学生的自主学习能力，培养他们终身学习的意识。学生在校园学到的应是如何在离开学校后独立学习和生活的能力。当前教育往往过于关注成绩而忽视了这种能力的培养。教师应展望未来，在日常教学中重视口语表达的培养，使学生在步入社会后能更好地处理人际关系以及自我与社会的关系，从而在社会中发挥积极作用，为社会的发展贡献自己的力量。

二、口语表达与交流的实施要求

口语表达与交流的实施除了遵循以上原则外，还要落实以下要求，如图 3-3 所示。

图 3-3　口语表达与交流的实施要求

（一）提升教师自身的口语表达能力

口语表达与交流对语言材料的积累、思维能力、表达能力等各方面都有很高的要求，是对多项综合素质的考察。在初中语文口语表达与交流教学中，教师要起到重要的示范带领作用，努力提升自己的口语表达与交流水平。在语文口语表达与交流课堂教学中，教师良好的口语表达能力能够吸引学生的注意力，激发学生对口语表达学习的兴趣和积极性，使他们以极大的热情投入到口语表达与交流的学习中。教师的口语表达能力不仅体现在语言的准确性上，还包括语言的丰富性和感染力。在语文教学中，教师的语言表达是情感的传递和思维的启迪工具。通过生动的语言、灵活的表达方式，教师能够吸引学生的注意力，激发他们的学习兴趣。这种感染力不仅是教学中的一种技巧，更是一种教学艺术，通过语言的艺术性表达，教师能够引导学生在言语交流中体验到语言的美感和思维的力量。

（二）创设积极的口语表达环境

口语表达与交流是实践性的语言交流，需要在特定的环境中开展。口语表达与交流对学生提出的不只是口语表达技巧与整体表达能力的整体提升，更重要的是"要传达一种巧妙运用语言与人为善、文明得体表达的涵养"[①]。教师应创设一个积极、开放、自由的口语表达环境，为学生提供足够的安全感，帮助他们克服表达过程中的紧张和不安，充分激发学生的表达欲望，鼓励学生勇敢表达自己的想法。教师要注重心理氛围的塑造，对学生的口语表达要报以宽容和鼓励的态度，特别是在他们表达出现问题和错误的时候，一定要给予积极的引导和反馈，使学生充分感受到教师的支持和关爱，增强表达的信心和勇气。

教师在课堂上要善于通过辩论、演讲、角色扮演等多样化的口语表达形式来激发学生学习的积极性和参与的兴趣。通过活动中同学间的互动，锻炼学生的口语表达能力和语言交流技巧，从而提高学生在不同表达情境中语言的适应性和表达能力。教师在课堂管理中要保持一定的开放性，让学生在表达过程中能够自由选择表达的内容和方式，在自由的氛围中表达自己的观点，从而促进他们思维的发展，培养他们的创新意识和独立思考能力。

（三）鼓励学生积极大胆表达

在口语表达与交流中，教师要鼓励学生积极主动参与进来，大胆表达。教师可以通过口头表扬、奖励机制等多种激励手段鼓励学生大胆表达自己的想法和观点，激发他们参与口语表达的热情。不少学生在口语表达中往往因为害怕出错或被批评而不敢开口，教师要帮助这部分学生克服表达中的心理障碍和恐惧感，通过正面激励，增强学生的自信心，使他们逐步建立起对语言表达的兴趣，勇敢面对错误和挑战。在平时课堂教学中，教师要多组织演讲比赛、辩论赛等各种形式的活动，为学生创造实际表达的机会，体验表达成功带来的成就感和自信心。教师还要关注学生的个性化需求、因材施教，使每个学生都能够在口语表达中取得进步。对于性格内向、不善言辞的学生，要进行引导和鼓励，帮助他们克服表达上的障碍。对于表达能力比较强的学生，可以适当增加表达的难度，使他们向表达能力的更高层次迈进。

（四）强化对学生的过程性指导

口语表达与交流技能的培养是涵盖广泛方面的复杂过程。教师在指导学生时，

---

① 曾菲菲.语用学视域下初中语文口语交际教学研究［D］.陕西理工大学硕士学位论文，2022.

不应只关注其表达的结果，更应重视表达的过程。例如，在演讲训练中，教师除指导学生如何组织内容、控制语调和肢体语言外，还应关注他们的临场应变能力，如何在面对紧张或突发情况时通过调整呼吸或肌肉放松来恢复平静。在学生口部表达过程中，教师要积极倾听，观察学生表达过程中能否达到语言的准确性、表达的流畅性、逻辑的严谨性，及时发现学生表达中存在的问题并给予针对性的指导，使学生在表达过程中能够不断进步，避免重复性的错误，逐步提高语言表达能力。

第三节　口语表达与交流的教学策略

在初中语文教学中口语表达与交流作为一种重要的语言实践活动，对学生的语言能力、思维能力和人际交往能力的培养具有重要意义。很长一段时间内，口语表达与交流被忽视，课堂教学中更多地集中在读写训练上。随着课程改革的不断深入，口语表达与交流的重要性逐渐被重视。如何在语文课堂中有效开展口语表达与交流教学，成为当前语文教师亟须探讨的课题。其具体实施策略如下：

一、培养耐心、专注倾听的良好习惯

有效的倾听是一种高级的交流能力，需要对发言人的观点、个性、情感进行全面关注和理解，做到听其言、察其意，促进更深入的人际交流，避免出现沟通的误区和障碍。在口语表达与交流中，培养耐心、专注倾听的良好习惯需要做好以下工作，如图 3-4 所示。

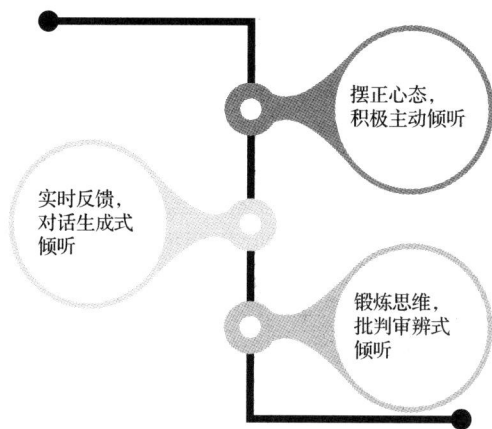

图 3-4　培养耐心、专注倾听的良好习惯

（一）摆正心态，积极主动倾听

真正的倾听是一种涉及诚实、具体地理解对方的复杂能力，交流中当我们被各种各样的声音所环绕时，需要辨识出这些声音中反映的不同观点、个性和人格特征。通过真诚且专注地倾听，可以在各种声音中找到有用信息的声音。培养积极的倾听习惯需要调整心态，从积极的角度出发倾听。在日常生活中，不少以自我为中心的倾听者，他们多从自身的需求出发选择性地捕捉信息，这种情况下他们只是在听自己想听的或者只接受自己已经认知的信息，这种做法是不可取的。倾听过程中要抛开拒绝倾听、选择性倾听、批发式倾听（只听取主流声音，对小众的创造性发言置之不问①）等消极的倾听方式，需采取一种开放的态度。

倾听的过程不但是获取知识的过程，更是对他人表达的尊重和回应。为了促进学生在倾听时能主动积极地投入，教师应指导学生尊重每个人的表达权，保持平等和尊重的态度。要对所有类型的无论是支持自己还是反对自己的声音保持开放的心态。倾听过程中学生要学会暂时搁置自己的判断，全面接纳对方的表达，不应随意打断或假装倾听。在口语表达与交流教学中，教师可以通过设定明确的倾听目标，让学生带着问题和目的去倾听，帮助学生增强倾听的主动性。在课堂教学中可以通过角色扮演、情景模拟等练习，让学生在对话中承担不同的角色，在倾听过程中关注对方的情感表达和某些关键信息。经过练习，学生能够逐渐养成带着目的和问题倾听的习惯，增强其倾听的主动性和专注度。

（二）实时反馈，对话生成式倾听

在教学策略中，对话生成式倾听是提高交流效果的关键手段，其核心在于互动和响应。这种倾听方式区别于单向的独白式倾听，后者常常以自我为中心，使交流变为单方面的输出，缺乏真正的互动。对话生成式倾听强调的是双方的开放性和互动性，这种互动不仅基于表达者的需求，更是一种共同创造对话的过程。在这种倾听模式下，每一方都不应单纯预设对方的意图或内容，而应在倾听与回应中不断调整和构建对话内容，形成动态的有效沟通，即对话内容随着交流的深入而逐步展开，允许双方在了解对方的同时也重新理解自身的观点。对话中的语言交流，既是一种信息的传递，也是一种情感的交流。教师要引导学生观察对话中对方的语气、表情和肢体语言，帮助他们更全面地理解对方的情感表达，通过适当的赞同、同情等情感反馈，增强对方的参与感和表达欲望，进一步促进交流的生成性。

---

① 林娜，吴支奎.基于"关心"的倾听教学：为何与何为［J］.课程教学研究，2021（12）：10-14.

在对话生成式倾听实施过程中，实时反馈是不可忽视的一个重要环节，其能够增强对话的互动性与生成性，确保倾听和表达的动态平衡。聆听者在对话过程中应展现出对对方言论的深入理解，通过眼神、表情和简短的反馈来表达共鸣和理解，从而加深双方的情感联系，使对话成为一种共享的经验。实施反馈需要把握好以下关键点：第一，尊重发言者的表达权，不随意打断或表现出急躁，因为这会破坏对话的流畅性和舒适度。第二，对发言者的观点和感受给予正面的响应，增加对话的温度，使发言者感到被理解和尊重。第三，在理解和思考的基础上做出反馈，不应机械地回应"好"或"非常好"，而应该提供具体、有深度的反馈。

（三）锻炼思维，批判审辨式倾听

在口语表达交流中，倾听是一项非常重要的关键技能，它不是简单的信息接收过程，而是动态的、积极的思维过程。在倾听过程中，不但需要用耳朵去听，用眼睛去观察，还需要用心去思考，这涉及多感官的综合运用，是提升学生思维能力的有效方式。批判审辨式倾听是一种高级的倾听，它涵盖了分析、推理、解释、质疑等方面，注重对思维的加工和反思。批判审辨式倾听在对话过程中通过批判审视对方的观点，更好理解信息的内在逻辑，形成自己的判断和见解。在口语表达与交流教学中，要培养学生的批判审辨式倾听能力，对信息进行深度加工和评价，其对学生的口语表达与交流能力的提升至关重要。通过这种方式，学生在个人沟通技巧方面能够得到有效提升，在日常生活和学术研究中能够形成更为严谨和深入的思维模式。

批判审辨式倾听的培养应注重以下方面：第一，培养学生的思考能力。学生在倾听时不要满足于被动接受，应该学会思考所听内容的逻辑结构和理论依据。第二，鼓励学生的质疑精神。接受信息时，学生要学会质疑，探索信息的真实性和可靠性，不因信息来源的权威性而盲目接受。第三，促进学生的自我反思。批判审辨式倾听不但是对他人观点的评估，更是一种自我反思的过程，通过反思提升个人的理解和认知水平。

二、不同交际场合的自信表达

在口语表达与交流中，不同的交际场合言语的表达方式、语气、语调等都会有所区别。如正式的商务会议中语言表达需要更加正式严谨，而与朋友的非正式聊天中可以使用更轻松的语气和风格。初中学生要具备在不同交际场合自信表达的能力，在交流中能够准确表达自己的观点，以赢得他人的认可和支持。具体来说，要做到以下几点，如图 3-5 所示。

图 3-5　不同交际场合的自信表达

（一）要素完整，讲述自然、准确

讲述是比较常见的一种交际形式，是将某个主题或事件清晰、准确地呈现给他人。讲述的关键要素包括时间、地点、人物，还有事件的起因、经过、结果。在日常生活中，无论是分享私密信息、情感体验，还是生活经验，都需要通过讲述表达。有效的讲述，应考虑听众的理解能力和背景，调整表达的方式、语气和语调。对幼儿讲故事时应使用简单、有趣的语言和丰富的表情来吸引他们的注意力，而对成人或同龄人讲述时，需要采用更成熟的语言和表达方式。

在口语表达与交流教学中，教师要引导学生掌握讲述的要素，确保表达的内容结构合理、信息完整。教师可以通过模拟真实生活中的场景，让学生讲述发生在自己身上的一件事、讲解一本书的内容、描述一次难忘的旅行等不同主题，在不断练习中逐渐积累讲述经验，从而提高表达的准确性。学生要注意讲述过程中语言的流畅性和情感的融入，学会恰当运用口语化的语言来减少表达的生硬和死板，使其更接近生活。另外，要通过情感的融入，使讲述不是平铺直叙的事实陈述，而是带有个人感情色彩和态度的情感表达。许多学生在人比较多的公开场合讲述时，容易因为紧张出现表达生硬、不流畅的情况。教师要注意做好心理疏导，增强学生的自信心，帮助学生克服讲述中的心理障碍。平时在课堂教学中要多加强训练，鼓励学生多练习讲述，培养他们在公众场所表达的信心。

（二）思路清晰，演讲生动、感人

演讲相对来说是一种更加正式的表达方式，它要求演讲者在特定的情境下进行主题明确的发言。演讲思路要清晰，体现内容上的创新，避免泛泛而谈，能够通过生动的言语表达去吸引听众的注意力并打动他们。

演讲的生动性除依赖内容方面设计，还与演讲者的语言表达方式、肢体语言和情感投入密切相关。在课堂教学中，教师要多向学生展示优秀的演讲案例，帮助学生理解如何通过生动的语言表达，恰当的情感融入，运用比喻、排比等修辞手法增强演讲的感染力，使演讲内容更具有说服力和吸引力。演讲的感人效果还与演讲者的态度、个人魅力密切相关，学生要多注意优秀演讲中演讲者声音的抑扬顿挫、目光的交流、身体的姿态等整体表现。这些非语言的表达方式能够使演讲者在舞台上呈现出更加自信的姿态，使听众感受到他们的真诚与投入。在演讲过程中，要注意演讲者与听众之间的言语、肢体语言等方面的互动，良好的互动能够有效增强演讲的吸引力，提升演讲的实效性。

（三）包容合作，讨论主动、自由

讨论是一种比较自由的交际形式，强调不同观点间的交流和碰撞。讨论中的自信表达并不是一味坚持自己的观点，而是要秉持开放、包容的态度，积极参与讨论的全过程。有效的讨论建立在相互尊重和合作的基础上，促进双方利用各自的优势，弥补不足，这是成功讨论的关键。每位讨论的参与者都应该带着对话和包容合作的态度进入讨论，这有助于彼此之间深化理解，加强团队间的友好协作。

讨论并不是无序的闲聊，需遵循以下规则：一是保持讨论焦点，紧紧围绕讨论主题展开讨论，避免偏离核心议题，防止话题发散而无实质内容。二是要求所有参与者积极参与到讨论中，即使是通常不愿意发言的成员也应被鼓励参与，以促进集体的思考过程，增强讨论的深度和广度。主动自由的表达要求学生在讨论中能够保持一定的灵活性，根据讨论的进展适时调整自己的观点或表达方式。教师可以通过情境设置和问题引导等方式鼓励学生在讨论中思考不同的角度和解决方案，培养他们的思维敏捷度和表达自如度，使学生能够更加自信地表达自己的观点，并通过与他人的互动不断完善自己的观点。

（四）观点鲜明，辩论简洁、有力

辩论是一种极具挑战性的交际方式，它要求辩论者在短时间内能够清晰表达自己的立场，并通过逻辑严密的论证说服对方。从国际政治会议中的激烈辩论到学校课堂上的争论，辩论贯穿于人们的社会交往之中，它的核心在于"辩"和

"论"的相互作用，即找出对方论点中的弱点进行反驳，同时明确并强化己方的论点。具体来说，需要做到以下几点：

第一，辩论者应确保语言表达的清晰性和观点的明确性，使用标准普通话进行表达，调整语速和语调，以增强说服力和感染力。辩论中的团队协作需要维持观点的一致性，避免出现逻辑上的破绽。

第二，辩论过程中辩手要具备快速的思维反应能力和出色的倾听技巧，能够精准地捕捉对方的论点、论据，并在短时间内形成有效的反驳。

第三，辩论的语言表达应当简洁有力，以确保在有限的时间内传达最有力的信息，避免在辩论中被对方抓住漏洞。

第四，无论是在有利还是不利的情况下，辩手都应保持平和的态度、礼貌的行为等辩论礼仪，这有助于维护辩论的公正性，也体现了辩手的情绪智能。

高效的辩论展现的不单纯是辩手的口才，而是辩手综合素质的体现，学生要通过不断的实践和训练，在辩论中磨炼自己的语言表达能力，能够在各种交流场合中自信地表达自己的观点。

三、丰富口语表达内涵

在口语表达与交流中，表达的内容与内涵是决定交流效果的关键因素。丰富表达的内涵能够提高学生的语言表达能力，增强交流的深度和广度，使学生在不同的场合中都能做到应对自如。丰富学生的表达内涵需要从三个方面着手，使表达更具有思想性、逻辑性和情感性，如图 3-6 所示。

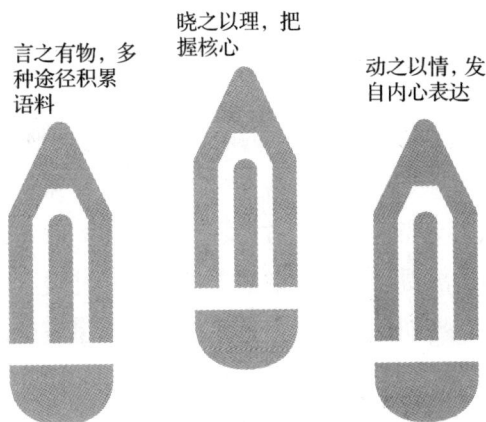

图 3-6　丰富口语表达内涵

（一）言之有物，多种途径积累语料

表达内容要充实、富有内涵，做到言之有物，能够提供有用的价值信息和传递思想，需要建立在丰富的语料基础上。丰富的语料库需要通过广泛阅读、日常收集等途径获得，要具有深度和广度，具体可以通过以下方式实现：

1. 广泛阅读

通过广泛阅读，学生能够接触到丰富的语料、思想和表达方式，从中获取语言的素材与知识储备。阅读的范围不应局限于课本中的内容，还要涵盖文学、历史、科学、社会等领域。通过对不同主题的深入阅读，学生能够积累丰富的词汇和表达方式，获得广阔的视野和深刻的思想，积累表达时所需的素材同时，帮助学生在表达过程中能够深入探讨不同主题，形成有思想深度的观点。无论是叙事性的语言表达，还是逻辑性的论证，都可以通过阅读不断积累，成为学生表达的一部分。阅读的过程能够教会学生如何组织语言和展开论述。教师在教学中可以推荐不同风格的阅读材料，鼓励学生在阅读过程中学习作者的表达方式，并结合自身的感悟，丰富自己的语言素材。

2. 在日常生活中收集语言材料

语料积累并不局限于书本，在日常生活中的交际场合、对话、互动等都能为学生提供真实的语言素材。在实际生活中，学生可通过与同学、家人、老师的交流，观察如何在不同的情境下运用语言。教师可以鼓励学生在日常生活中关注语言的使用情况，通过语言日记、谈话记录等方式将生活中的表达素材积累起来，并在课堂中加以应用和讨论，从实际经验中提炼出有价值的语言材料。学生通过日常交流积累的语料能够帮助其在真实的表达场景中更自然地使用语言，使表达更加灵活、真实。

3. 积累与当前热点相关的语言材料

新闻报道能够为学生提供大量新鲜的语言素材，帮助他们了解当前社会热点，并通过这些热点事件锻炼语言的实际应用能力。教师在课堂上可以引导学生定期关注国内外新闻，积累与当前社会、政治、文化等相关的表达方式，提升学生的语言储备，帮助他们形成对社会问题的独立见解。通过学习新闻报道中的语言表达方式，使学生能够掌握如何以清晰、有效的方式传递信息，提升他们的语言表达能力，使他们在讨论社会热点问题时有据可循，展现出思想深度和社会关怀。

4. 探索个性化的语言材料和非言语表达

每个学生的语言表达都有其独特的风格和个性化特点，这些个性化的语言材料往往来源于他们的个人兴趣、生活经历和内在情感。通过记录和反思这些个性化的语言素材，学生可以在表达中展现出独特的个性和思维模式，帮助学生在表达中打破传统的思维框架，创造出富有个性和生命力的语言表达方式。教师可以引导学生通过写作、表达等方式记录自己的独特语言使用经验，并在课堂讨论中分享这些材料，从而激发学生在表达中融入更多的个性化元素。口语表达还与肢体语言、面部表情、语调语气等非言语的表达手段密切相关，在实际交流中，非言语元素能够增强语言的表达效果，使表达更加生动、富有情感，从而提升表达的感染力和表现力。

（二）晓之以理，把握核心

在口语表达与交流中，逻辑性和条理性是确保沟通有效性的重要因素。晓之以理要求表达者在传递思想时能够清晰地表达出观点，并通过有力的论证和合理的推理，使观点具有说服力。把握表达的核心思想，确保其逻辑性和条理性是实现晓之以理的关键。

教师在教学中要注重培养学生的逻辑思维能力，帮助他们在表达时能够抓住核心问题，避免内容的松散和无条理性。例如，在讨论或辩论时，学生需要通过明确的主题陈述和论据支持来增强观点的说服力，从而提高交流的效率。面对多重观点和信息时，学生需要具备分辨主要与次要信息的能力，将表达的重点放在关键问题上，而非偏离主题或被次要细节所干扰。一场演讲中，演讲者需要确保核心观点贯穿始终，而不应被其他次要信息所掩盖。有效的口语表达不是信息的简单堆砌，而是对信息的筛选和重组，以确保每一部分都紧密联系，逻辑明确。表达者应该在每次发言前思考如何设置话语的开端和如何展开新信息，确保每句话都能围绕中心推进讨论或叙述。教师可以通过训练学生的摘要能力，让他们学会在大量信息中提炼出核心思想，并围绕这一核心思想展开，有条理地表达。逻辑思维能力的提升有助于增强表达的条理性，帮助学生在面对复杂问题时做出合理的推理与判断。教师可以通过逻辑推理的练习，帮助学生在表达中更加严谨地陈述观点，使其在表达中更加清晰地传递思想，增强观点的可信度。

（三）动之以情，发自内心表达

表达过程中真正触动人心的是情感的融入和情感感染力的发挥，有效的情感表达能够通过情感的引导深深打动听众，引发他们的情感共鸣。发自内心的情感表达能够增强交流的真实性和亲和力，让听众更容易接受表达者的观点和思想。

口语表达的功能不仅要诉诸人的理智，而且要打动人的情感。①情感的融入使语言不再只是交流的工具，而是表达内心情感的延伸。教师在教学中应引导学生学会如何在表达中合理运用情感。例如，演讲或叙述故事时，学生可以通过语调、表情、肢体语言等方式，传达出自己对内容的情感态度。真诚的表达是增强情感感染力的重要途径。在日常交流或公众演讲中，讲者应努力展现自己的情感真实性，让听众感受到言辞背后的真实感受和强烈情绪，从而达到更深层的心灵共鸣和情感交流。教师在教学中应鼓励学生真实地表达自己的感受和想法，而不是迎合他人或刻意粉饰。真实的情感往往比华丽的语言更具有感染力，能够让听众感受到表达者的真情实感。情感的表达还需要与内容相匹配。不同的主题和情境需要不同的情感表达方式。例如，在讨论严肃话题时，情感的表达应更加理性和平静；在表达个人感受时，可以更加自由和热情。教师通过引导学生识别不同的表达情境，帮助他们学会在不同的情境下调整情感表达的方式，使情感表达更加符合交流的实际需求。

四、推进读、写、说深度融合发展

在语文教学中，读、写、说三种能力虽然各有特点，但彼此间存在着紧密的互动关系。有效的语文教学应实现读、写、说的有效融合，使学生在阅读后，通过口语表达清楚地解说文本内容、主题及作者的情感，并能将这些理解转化为书面语言，全面提升学生的综合语文能力。具体来说，可以通过以下策略实现，如图3-7所示。

（一）立足阅读教学，以读促说

在读、写、说的教学框架中，阅读是理解和吸收知识的基础，而口语表达是将读到的内容感性地传达出来，书面表达需更多逻辑和理性的处理。将阅读表达与口语表达有机结合起来，不仅能够促进学生阅读过程中理解力的提高，还能够通过阅读积累素材，提升他们的口语表达能力。

教师可以通过开展阅读报告、口头复述、讨论等活动，引导学生将阅读中的语言材料转化为口语表达，锻炼他们将文字内容转化为语言表达的能力，提升学生在表达中的流利性和逻辑性。在阅读教学中要注重对学生逻辑思维能力、语言组织能力、对问题的深入思考能力的培养，以读促说，引导学生通过口语表达的

① 龙彩霞.口语交际理论与训练教程［M］.南京：东南大学出版社，2014.

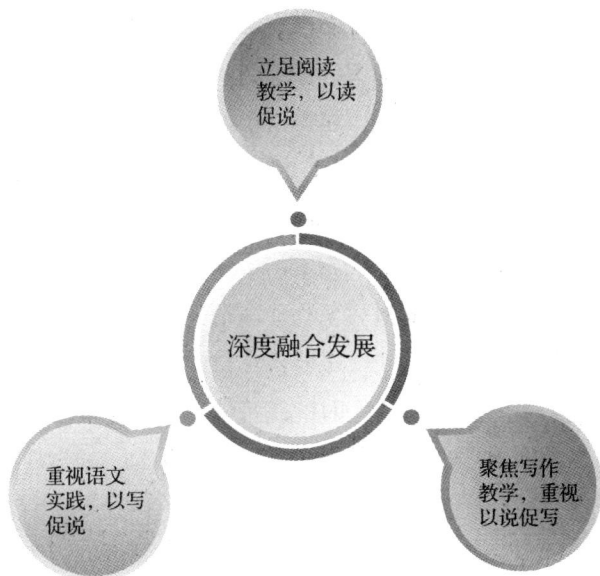

图 3-7 推进读、写、说深度融合发展

形式，将阅读内容升华为有意义的见解和讨论。为更好以读促写，教师要鼓励学生阅读经典文学作品时，对其中的优美词句、逻辑严密的语言表达等进行模仿练习，帮助他们在口语表达时更加自如地运用语言。

（二）重视语文实践，以写促说

写作与口语表达并不是孤立的，而是互相影响、互相促进的。在写作中，学生可以通过语言的反复打磨来提升对语言的理解和运用水平；口语表达中可以通过即时的语言输出检验自己的写作成果。写作与口语表达的结合能够以写促说，锻炼语言的准确性和表达的连贯性。以写促说不应只停留在纸面上，而应通过实际的语文活动以及写作的深入练习，促进学生在多样化表达中实现口语和书面语的有效融合，从而提高学生的语言表达能力，使他们能够在各种语文活动中更加自信和有效地表达自己的观点。教师要引导学生在完成写作任务后可通过口头汇报的方式将写作内容表达出来，强调用写作思维进行口语表达，并检验写作内容的逻辑性和表达的清晰度，以提升表达的严密性。教师在教学中，应引导学生在写作中注重词汇的选择、句式的运用以及语法的准确性，做好细致的语言打磨工作，使学生在写作中逐渐形成语言运用的准确感。这种语言的准确感可以进一步在口语表达中体现出来，帮助学生在交流中更精准地表达自己的观点。

写作是一种结构化的表达方式，学生在写作中需要学会如何将零散的思想和观点组织成有逻辑的文本，通过语言的组织和逻辑的推敲能够有效地梳理自己的思路。这种思路的梳理同样可以运用到口语表达中，使学生在表达中更加清晰有序。教师可以通过写作练习帮助学生在思维层面上逐渐形成逻辑性和条理性，在口语表达中表现出更高的思维水平。

（三）聚焦写作教学，重视以说促写

"口语表达与书面表达一般都要经历语言思维向内部言语的直接转换，以及内部言语向口头言语间接转化的过程。"[①] 口语表达与写作之间的联系是双向的，口语表达能够通过写作得到提升，写作能够在口语表达的基础上得到强化。强调学生的口语交流能力有利于消除写作时的畏难情绪，提高学生的写作信心。以说促写的形式有很多种，常用的有两种：一种是口头行为，通过口语形式练习书面语，要求学生在口头表达时遵循书面语的结构，另一种是先说后写，帮助学生在写作前通过口头表达整理和确认自己的思路，使写作过程更为流畅。

在平时课堂教学中，教师要多设计一些口语表达与写作相结合的任务，引导学生在表达中寻找写作的灵感。比如，在课堂讨论中可以要求学生根据讨论的内容撰写相关文章，促使学生在表达过程中整理自己的思路，以说促写，帮助学生在写作中更加自如地运用语言，从而增强写作的表现力。

五、提升交际素养

口语表达与交流教学过程中除语言能力外，交际素养的培养也是成功沟通的关键因素。交际素养在广义上整合了口语表达与交流的知识及能力，包括情感、态度以及表达和交流的方式方法。具体来说，交际素养要着眼于关注礼节礼仪、把握表达时机、注意交流分寸等方面（见图3-8），培养文明的交际态度和高水平的言语修养。

关注礼节礼仪　　把握表达时机　　注意交流分寸

图 3-8　提升交际素养

---

① 王凤霞.试论小学作文教学中说写结合的有效措施［J］.天津教育，2020（5）：151–152.

（一）关注礼节礼仪

新课程标准明确要求学生学习文明得体的交流，这涵盖了在口语交流中展示适当的礼仪和修养，强调学生在表达与交流过程中应具备的文明修养和礼节礼仪。良好的礼仪是个人修养和素质的反映，能够为交流创造更为和谐的氛围，增强互动的亲和力和有效性。特别需要注意以下几方面：①调整学生的倾听和表达态度，包括专心倾听，避免分心或打断他人；表达时态度自然，注意语气语调，避免造作；适应交际场合并使用礼貌语言，防止误解。②培养学生表达的动机和情感。情感是激发交流的内在动力，真诚和直接的回应能够展示对他人的尊重。③重视学生的人文素养。一个人的表情和举止是其内在素养的反映，言之有礼涵盖了个人的生活态度、交际风格和行为举止，提升交际素养的关键在于增强学生的文明自觉意识。

礼节和礼仪方面，不但要注意言语的运用，还要注意交流中使用点头、微笑、目光接触等适当的肢体语言来传达对他人的尊重和关注。教师可以通过示范和练习帮助学生养成良好的习惯，使他们在不同的交际场合中展现出优雅、得体的态度，以赢得他人的好感和尊重。

（二）把握表达时机

在口语交际中要结合实际情况选择恰当的时机进行表达。良好的表达时机能够使观点的传递更加顺利，提升沟通的效果；而不恰当的时机选择可能导致交流失败，甚至引发误解或冲突。在口语交际中，学生要学会读取对方的情绪和态度，适时调整自己的言辞和行为，特别是在对方失去兴趣或注意力分散时要懂得适当结束或转变话题。这种对时机的敏感度和对话术的掌握是有效交流和提升个人交际素养的关键。在日常交流中要尽量避免在未完全理解对方发言内容时便匆忙回应，或在对方讲话过程中随意插入自己的观点，这些行为容易导致误解或反感。要养成在对方讲完后适当停顿再作回应的习惯，确保对方的话题得到完整的表述。

教师在教学中应通过案例分析或模拟情境帮助学生学会识别不同场合下适合表达的时机。例如，在会议、讨论或辩论中，学生需要学会等待适当的时机插话，避免打断他人的发言或在不合适的时间表达不成熟的观点。面对上级或长辈时学生则需要考虑到对方的意愿和情绪，选择合适的时机进行交流，而不是在对方忙碌或不适合沟通的时刻强行表达。需要强调的是，在交流过程中难免会遇到意想不到的变化或问题，学生需要及时调整表达计划以适应新的情境，确保交流的连贯性和有效性。教师在教学中可以通过设置突发情境，训练学生的应变能力，让他们学会在各种意外情况下保持冷静并迅速做出合适的表达选择。

（三）注意交流分寸

在交际过程中要掌握交流的分寸，既不能过分夸张也不能过分简略。掌握恰当的分寸，能够使交流更加顺畅自然，避免产生不必要的误解和尴尬。

遇到棘手的话题时，要学会采用委婉的表达方式保持礼貌和尊重，避免直接冲突。必要时还可以采用含糊或间接的表达方法来传达意图，避免可能的敏感性和不适。评价或判断他人时要避免过于绝对的肯定或否定，尤其对待不喜欢的人时更需保持客观和公正。教师可以通过小组讨论或辩论活动，帮助学生在讨论中学会如何控制言辞的分寸，并在表达个人观点的同时保持对他人的尊重和包容。

第四节　陶行知在生活教育理论指导下的写作教学策略

陶行知的生活教育理论强调教育应融入生活，教育的目的在于让学生在真实的生活环境中学习知识并发展能力，这一理论在写作教学中具有重要的指导意义。在生活教育理念的指导下，写作教学不应局限于课堂和书本，更应从学生的实际生活出发，帮助他们通过观察、体验和思考，积累丰富的写作素材。通过这种以生活为核心的写作教学策略，教师能够激发学生的写作兴趣，提升他们的表达能力，并培养他们在生活中发现与创造的能力，使写作成为真实生活体验的一部分。

一、拓展生活中的写作素材

写作是学生表达思想、情感与经验的重要方式，而丰富的写作素材是写作的基础。陶行知生活教育理论认为，学生的写作应来源于真实的生活，通过观察、体验和感悟生活，学生能够在写作中展现出独特的思想和情感。拓展生活中的写作素材主要体现在在生活中积累素材、在观察中丰富素材以及在感悟中充实素材三个方面，如图 3-9 所示。

（一）在生活中积累素材

日常生活是学生写作素材的重要来源，通过日常生活中的积累，学生能够获取写作方面的灵感和大量的写作内容。生活是教育的源泉，学生写作素材的积累不能单纯依靠书本或者教师的引导，而应从生活中汲取写作材料，从而丰富思想和情感。

学生的日常生活是丰富多彩的，充满了各种各样的体验和感受，在家庭生活

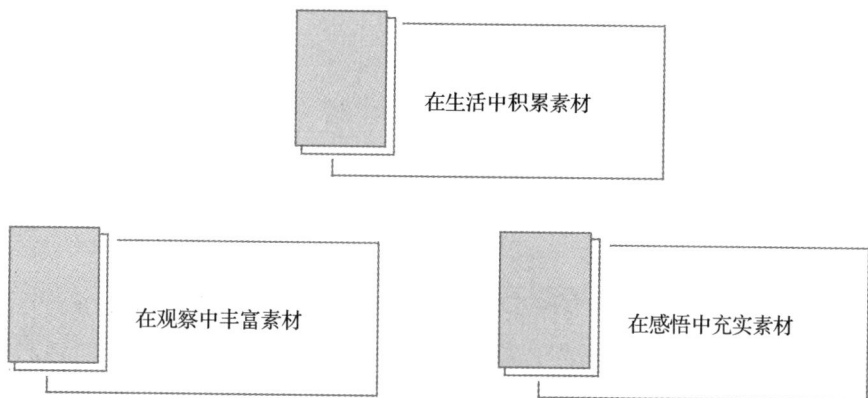

图 3-9 拓展生活中的写作素材

中的点滴、学校生活中的经历等都是学生写作的素材。老师要鼓励学生通过随笔、日记等形式对生活中的场景和事件进行记录的习惯，积累写作素材，提高学生的观察力，帮助他们在写作中找到独特的切入点，更加生动、真实地表达自己的思想感情。家庭环境对学生来说是非常熟悉的，学生不能忽视其中蕴含的丰富写作素材。教师要引导学生对家庭成员之间的互动和情感表达、家庭生活习惯等日常细节进行观察，丰富其写作内容。学校作为学生的主要活动场所，同样提供了丰富的写作素材。学生与同学之间的互动、日常交往中的有趣事件，这些都可以转化为写作中的真实场景，成为宝贵的素材来源。

对生活材料的积累要持之以恒。学生将写作与生活紧密结合，养成随时随地记录生活的习惯，通过不断丰富自己的写作素材库，在面对不同题材的写作任务时，能够提取有价值的素材并加以运用。

（二）在观察中丰富素材

丰富多彩的现实生活，始终是学生写作的源泉。[①]生活中的一切事物都可以成为观察的对象，通过对周围的环境、人物、时间的细致观察，学生的观察能力可以得到进一步的提高。

观察不能停留在对事物表面现象的关注，而要延伸到对事物细节的观察和本质的探究。观察的过程也是培养学生思考与分析能力的过程，通过对事物的观察，学生能够逐步培养出分析事物本质的能力，在写作中深入探讨事物背后的意义。教师可通过提问、讨论等方式，帮助学生在观察中进行思考和反思，让他们

---

① 李淑霞.初中语文写作教学中如何引导学生展开自主学习〔J〕.西部素质教育，2019（7）：255.

在写作中体现出更深层次的思想。细节往往是最能打动人心的，学生要善于捕捉生活中的细微之处，应走进大自然、深入社会生活，通过对周围环境的细致观察而积累丰富的写作素材，并将其融入写作中，增强文章的真实感和感染力。通过细致观察，生活中的每一个场景、每一个细节都可以成为写作的对象，可为写作提供丰富的画面，使文章更加生动形象。

（三）在感悟中充实素材

感悟是一种深层次的内在体验，是写作中表达思想与情感的重要来源，学生通过这种体验能够感知并表达自己对生活的真切感受和情绪变化，提升他们在写作中的思想深度和情感厚度。感悟并不是对生活的简单反应，而是对生活现象的内心反思与情感共鸣。学生通过生活中的体验能够对一些事物产生深刻的感受，从而激发他们的写作灵感，提升文章的感染力和情感共鸣。学生在生活中经历的每一件事都可能带给他们不同的感受与思考，既可以是对美好事物的欣赏与热爱，也可以是对挫折与困境的反思及总结。通过对生活的感悟，学生能够在写作中表达出更加真诚、深刻的情感，增强文章的真实性。

教师在教学中应鼓励学生通过感悟生活来充实写作素材，通过感悟生活中的种种经历与感受，提升他们的思想深度与情感厚度，将内心的情感与思想融入写作，使文章更加深刻、富有感染力。例如，教师可以鼓励学生在关注秋天景色的同时，引导他们思考秋天意味着什么。让学生观看关于秋天的视频，然后让他们记录自己在这个季节中参加学校的秋游、在校园里收集落叶等活动，并将这些体验转化为具有感染力的文字，锻炼对感受的表达。学生应学会从各种生活体验中提取素材，无论是直接经历还是书籍和电影中的场景，都可以成为写作的源泉，从中更好地理解和感悟生活的真谛，真正达到活学活用的目的。

二、开展生活化教学

在陶行知生活教育理论指导下，写作教学应该融入学生的实际生活，通过生活化的教学过程，促进学生在生活中体验、学习和成长。开展生活化教学过程包括以下几个方面，如图 3-10 所示。

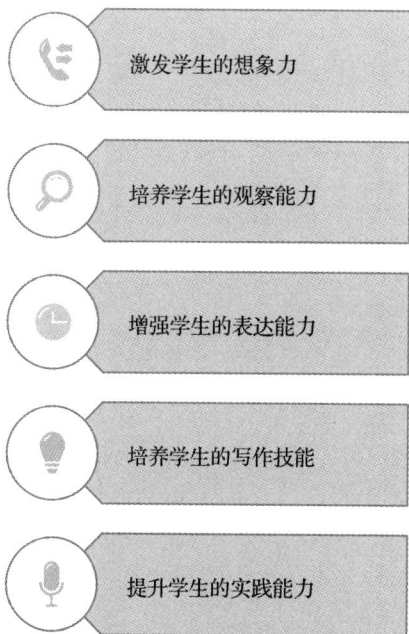

图 3-10　开展生活化教学

（一）激发学生的想象力

在开展生活化教学的过程中，应通过多种渠道激发学生的想象力，使他们在写作中能够充分利用其想象力，将生活中的材料转化为未来想创作的作品。

1. 通过情境激发学生的想象力

随着学生年龄的增长，他们的想象力会发生变化。尤其初中阶段的学生，他们的内心世界和想象力正在发生快速变化，逐渐由活泼、直观转向更为抽象和内省。这要求教师创设丰富的情景，激发学生对现实生活的深度感悟和创新想象。例如，通过组织学生参与小品、情景剧等活动，鼓励学生参与到创作和表演过程中，在模拟的真实情境中自由表达，激发他们的创造力和想象力。为了使学生的写作更加丰富和真实，教师可以引导学生通过日常观察和体验，通过具体的情境激发想象力，加深思考，积累写作素材。比如，让学生描述一个秋天的场景，引导学生表达与之相关的感受和情绪，使写作内容更具深度和感染力。教师还可以利用学生对未来的向往和憧憬，引导他们构建与未来职业相关的想象场景。通过让学生讨论和写下自己未来的梦想职业，不仅激发了他们的创造力，还帮助他们在现实和想象之间建立桥梁，使写作既富有创意又贴近生活。

2. 通过基于文本的想象力练笔，激发学生创意

教师可借助学生对文学作品的联想与想象能力，使语文课本成为创作的源泉。文学作品本身包含了丰富的情感和想法，通过与文本对话，学生可以产生新的观点和创意，这是写作教学中极为宝贵的部分。内容丰富、情感深刻的经典短文或古诗是增强理解深度和表达丰富性的绝佳机会，教师应引导学生深入探索这类文章背后的含义，鼓励他们发挥想象力进行重构，创作出具有个人特色的文章。例如，鼓励学生对王维的《使至塞上》进行重新想象，构建与原作情感相符但情节上有所创新的故事，从而锻炼学生的想象力，增强他们对文本的深入理解和感情表达的能力。教师还可以设计一些学生个人日常经历与课文内容相结合的创造性创作活动，在创作中自然融入学生的个人感受和思考，使写作更加生动和有意义。

3. 通过模仿写作，启发学生想象

学生在写作过程中，特别是构思阶段，常常会因为生活体验不足而不知道从何着手。解决这一问题的有效方法是引导学生通过模仿写作启发想象。模仿写作能够帮助学生理解并学习文章的表达方式，激发他们对文本的深度理解和创造性思考。通过挑选与学生年龄相近或具有相似生活背景作者的作品，让学生在阅读过程中找到共鸣，激发学生的语言表达欲望，在此基础上进行创作练习。这类模仿练习有助于学生在写作中找到个人声音，学习表达技巧。在模仿过程中，学生要注意作者如何通过想象力来构建场景、描绘人物和表达情感。学生通过分析可以学习如何在自己的写作中运用类似的技巧使文章更加生动和具有感染力。

（二）培养学生的观察能力

观察是写作素材积累的基础，是写作者感知生活、理解生活的重要手段。陶行知在生活理论指导下的写作教学应注重培养学生的观察能力，通过观察来丰富写作的内容和情感。教师可以通过多种方式帮助学生提升观察能力，使他们在写作中能够更加细致、生动地描绘事物和表达情感。

教师要引导学生养成观察的习惯，能将日常生活与创作紧密结合起来，从而有效培养学生的观察能力，使他们能够发现并表达生活中的美好，在日常生活中持续积累写作素材。生活中的点点滴滴如校园里阳光照耀下的小瓢虫、同学课间的活动……都是写作的珍贵资源。通过观察这些细节，学生可以学习如何捕捉生活的美好。教师可以引导学生有目的地观察，参与他们的讨论，逐步引入写作技巧的讲解，最终引导学生将所见所感转化为文字。教师要帮助学生掌握一些观察

方面的技巧。比如，如何通过对比来突出事物的特征，如何通过细节描写来增强文章的真实感，如何通过联想和推测来揭示事物背后的含义……这些技巧能够提升学生的写作水平，帮助他们在写作中更加全面地表达思想和情感，展现出更为深刻的洞察力和表达力。

教师平时要给学生制定观察笔记任务，逐步扩大他们的观察视野。起初可以是简单记录几句话，随着时间的推移逐步扩展到详细描述整个场景或事件。观察的过程不是简单记录外在的现象，还需要通过思考和分析，将观察的内容转化为写作的素材。教师应引导学生对观察内容进行讨论和反思，帮助他们在观察中发现事物的本质和内在联系，提升学生的观察能力，在写作中展现出更为深刻的思想和见解。

（三）增强学生的表达能力

通过生活化的教学过程增强学生的表达能力，使学生能够在真实的交流和写作中自然流畅地表达自己的思想和情感，同时提升口头表达和书面表达的能力，使他们的写作更具感染力和说服力。教师应在课堂教学中通过开展小组讨论、演讲、辩论等活动创造更多的表达机会，帮助学生提升语言的组织和表达能力，增强他们的自信心，使他们在写作中能够更加自然流畅地表达自己的观点和感受。

教师要注重对学生语言表达的准确性和生动性的培养，通过实例分析、写作指导等方式，帮助学生掌握如何准确使用词汇和句式，避免空洞或含糊地表达。要鼓励学生使用比喻、拟人、象征等修辞手法，增强语言的表现力，使文章更加生动。表达准确性和生动性的提升，在写作中能更加清晰、有效地传递信息，增强文章的说服力和感染力。

表达能力的提升还需要结合实际生活中的写作任务。教师可以为学生设计与生活紧密相关的写作任务，如写信、写日记、写评论等，让学生在具体的写作情境中锻炼表达能力。这些任务不仅帮助学生提升了写作的实用性，还能让他们在写作中自然地融入生活中的经验和情感，增强了文章的真实性和亲和力。为了进一步提高学生的表达能力，老师可以组织户外写作、角色扮演等各种生活实践活动，让学生在活动中提高写作的真实感和表现力。找到表达的灵感和动力，增强文章的真实和感染力。

（四）培养学生的写作技能

作文教学是初中语文课程的核心部分，直接关系到学生的表达能力和思维能力的培养。为此，教师在教学中要运用多种方法，帮助学生从阅读到写作的过渡。写作的基础是阅读，教师要激发学生的阅读兴趣，通过持续的阅读活动，帮助学生建立对文字的敏感性。教师要教授有效的阅读技巧，增强学生的理解能力，为其写作提供丰富的素材。要注重培养学生语言运用、结构安排、主题表达等方面的写作技能，使学生的写作水平得到全面提升。教师应通过讲解和练习，帮助学生掌握词汇的选择、句式的运用、段落的组织等语言运用技巧。这些技巧是写作的基础，只有掌握了这些基本技巧，学生才能在写作中更加自如地表达思想和情感。教师可以通过实例分析，帮助学生学习如何理解文章的整体结构，学会如何在写作中合理安排段落、句式和内容。通过结构的安排，学生能够在写作中更加清晰地表达主题，增强文章的逻辑性和条理性。在课堂教学中可以布置写作任务，使学生掌握在记叙文、议论文、说明文等不同体裁的文章类型中结构的安排技巧和写作要求。另外，要注意引导学生进行主题的提炼和拓展，帮助他们在写作中更加深刻地表达思想和情感。无论是叙事性写作还是议论性写作，主题的表达都是文章的核心。通过主题的明确和深刻，学生的写作能够展现出丰富的内容，在情感和思想上打动读者，使主题得到充分展现。

（五）提升学生的实践能力

陶行知生活理论强调教育与生活的结合，写作教学要注重对学生实际运用能力的培养，以提升他们写作的实践能力。学生实践能力的提升离不开多样化的写作活动，学校要经常举办小说、诗歌、剧本等各类写作比赛，促进学生的创造力，锻炼他们的动手能力。特别是一些贴近生活的写作主题，能够帮助学生将个人经验与写作紧密结合起来，提升了写作的质量。为了更好地整合理论与实践，学校还要在此类写作活动后组织读书会、写作研讨等交流会，帮助学生深化阅读理解，拓展写作视角。实践能力的提升，还要注重写作的多样性。多样化的写作任务能够帮助学生在不同的写作类型中锻炼自己的实践能力。通过新闻报道的写作任务，学生知道如何快速获取信息并进行有效表达；通过生活随笔的写作，学生能够锻炼他们对生活现象的观察与反思能力……这些不同类型的写作任务能够帮助学生在不同的生活情境中自如运用写作技能。

良好的家庭教育是提升教育效果的关键。因此，教师需要在家长会和其他家校互动中积极引导家长理解写作教学的重要性，激发家长对孩子写作能力提升的支持。教师还要善于借助微信、QQ等现代交流平台，共同推动学生的写作实践。应定期与家长交流教育理念和学生进展，确保家庭与学校在教育方向上的一致性，更好地支持学生的学习和成长。

第五节 在"互联网+"背景下写作教学的优化

互联网的广泛应用为写作教学提供了更加丰富的资源和创新方式。通过合理利用网络技术和数字平台，教师可以优化写作教学，激发学生的写作兴趣，提升他们的写作能力。借助互联网工具和多媒体资源，教师能够更加高效地开展教学评改、资源整合与交流展示，帮助学生在动态、多元的环境中更好地进行写作实践与提升。

一、建立"互联网+"素材库

网络资源的丰富性和多样性为写作教学提供了新的素材和视角，但同时也对教师的教学方法和学生的写作能力提出了更高的要求。通过建立网络文学优质电子资源库；开设主题专栏，更新信息资源；分析、上传优秀作品，提升学生写作技巧；从网络影视作品中挖掘新颖素材等方式（见图 3-11），教师可以为学生提供丰富的写作素材，激发他们的写作兴趣，提升他们的写作水平。

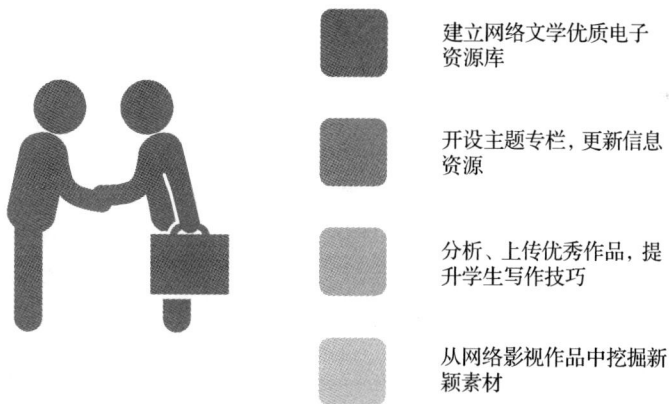

建立网络文学优质电子资源库

开设主题专栏，更新信息资源

分析、上传优秀作品，提升学生写作技巧

从网络影视作品中挖掘新颖素材

图 3-11 建立"互联网+"素材库

（一）建立网络文学优质电子资源库

网络文学为学生提供了广泛的阅读选择，题材和风格多样，涵盖了现代社会生活的各个方面。但网络文学的写作素材繁多而复杂，学生往往难以自行筛选出对学习有益的内容。为了提升学生的写作能力，教师可以组建团队对网络文学素材进行筛选，构建学校专属的网络文学优质资源库。这一工作应在新学期开始前，结合教学计划的安排进行。教师可以按照不同的写作主题分组合作，利用团队智慧寻找并筛选符合教学需要的素材，找到具备文学性、思想性和艺术性的优秀作品，为学生提供参考，为写作教学提供重要资源支持。

优质的电子资源库应分类清晰，便于学生查找和使用。不同的写作任务可以依托不同类型的网络文学，从而提升学生在各类文体中的写作能力。例如，小说类作品有助于学生学习叙事结构和人物塑造；散文类作品可以帮助学生掌握抒情和议论的表达方式；网络文学中的诗歌能够培养学生对语言的敏感度和美感。资源库的建立为学生进行自主预习和学习提供了方便，他们可以选择自己感兴趣的素材进行模仿和学习，提升课堂教学的效率和互动性。学生可以在教师指定的范围内进行预习，准备课堂讨论，提高学生的学习动力，以防止学生接触不良的网络文学资源。学生还可以根据自己的写作需求，通过资源库进行个性化学习，在多样化的文学作品中汲取写作灵感，进而将这些写作技巧应用到实际创作中，不断提升写作水平。

教师要鼓励学生积极参与到写作素材的收集工作中，辅助教师完成写作素材的筛选和收集。在教师的引导下，学生可以从多种角度探索和整理相关题材的素材，提交后由教师进行审核，决定是否将其加入资源库。这一过程能增强学生的研究和筛选能力，使学生理解何种材料更适合学术写作，从而提高他们的学术诚信和写作水平。

（二）开设主题专栏，更新信息资源

在"互联网+"的教育模式下，初中语文写作教学应充分利用网络平台的便利，通过教师开设的主题专栏来定期提供信息资源的更新，从而提升学生的写作能力。专题专栏的开设侧重于创建一个动态的学习环境，使学生能够在写作过程中持续获得新的启示和动力。教师可以创建以班级为单位的主题专栏，将学生作为素材创作的主体。当一个写作课程结束后，教师需要收集所有学生围绕该课程主题创作的文章，进行系统的分类和总结，并将这些内容上传到网络平台，确保每位学生的声音和想法都被充分表达，从而激发学生的写作热情。

主题专栏可以围绕新闻写作、文学创作、文化评论等不同的写作任务展开。每个专栏可以定期提供优秀的写作案例、时事热点、文化现象等最新的材料，为学生写作提供参考和素材来源。通过阅读和学习专栏内容，学生能够紧握时代脉搏，在写作中融入社会热点和时代精神，使他们的作品具有更强的现实感和时代气息。主题专栏的内容可以是教师设定的季节变换、一次难忘的旅程等特定主题，以更好地发挥学生的集体智慧和创造力，使学生根据自己的经历和感受创作出贴近心灵的作品。学生提交作品后，教师要进行仔细的评阅和点评，总结学生在写作中的长处和兴趣点，结合不同学生对同一主题的不同处理，教师和学生可以共同探讨和体会多样化的情感及表达方式。主题专栏要定期进行更新，教师可以结合当前社会的重大事件、文化动态和流行趋势，及时将相关的写作素材和信息加入专栏中。学生通过这些最新的资源，能够拓宽知识视野，学习在不同写作题材中的语言表达和结构技巧，提升写作的鲜活性和生动性。主题专栏的设置还应该根据学生的反馈来调整和丰富，并不断进行优化，以提高主题专栏的吸引力，确保学生在学习过程中保持学习的主动性。

（三）分析、上传优秀作品，提升学生写作技巧

初中阶段的学生正处于个人发展的关键时期，他们渴望得到关注并希望提升个人能力。在"互联网+"背景下的写作教学中，上传优秀作品分析能够帮助学生通过具体案例的学习掌握写作技巧。通过互联网平台，教师可以对各类优秀作品进行详细分析，并将其上传至教学网站或电子资源库中，让学生能够随时查阅和学习，帮助他们理解写作中的技巧和方法。此举不但能使学生在写作中获得肯定，还能激发他们对于"互联网+"写作平台的积极参与，增强他们的写作兴趣和动力，从而不断地提升自己的写作技能。

要对优秀作品的语言和结构进行全面解读，并结合创作背景和写作意图帮助学生更好地理解作品的深层含义。通过对优秀作品的分析，学生可以掌握如何在写作中运用细节描写、人物刻画、情节发展等技巧，提高对主题思想的把握能力。教师应根据不同的写作类型选择具有代表性的作品进行详细解读，例如，如何通过简洁的语言表达复杂的情感、如何设计紧凑有力的故事情节等。在分析过程中，重点剖析作品的构思、布局、语言运用等方面，帮助学生理解优秀作品背后的创作逻辑与技巧，使学生直观感受到优秀作品的特点并在写作中加以运用，逐步提升自己的写作能力。

（四）从网络影视作品中挖掘新颖素材

在"互联网+"的背景下，影视作品成为学生接触和吸收信息的主要渠道之一。网络影视作品所呈现的故事情节、人物性格、画面表达、情感张力等内容能够为写作教学带来丰富的创作素材与灵感来源，将这些融入写作教学中，

能够帮助学生挖掘新颖有趣的写作素材，培养他们的写作兴趣与创作能力。影视作品的魅力在于其生动性和强烈的情感表达，这种视觉与听觉结合的表现形式能够极大地激发学生的想象力和情感共鸣。教师可以通过选择一些富有代表性和艺术性的影视作品，将其中的情节转化为写作素材的灵感源泉。例如，影视作品中的人物情感发展、情节的高潮与转折、环境描写与氛围的营造，都可以为学生提供丰富的创作素材，使其能够学习到如何设计情节、塑造人物并将其运用到自己的写作中。

许多影视作品是根据经典文学作品改编的，它们保留了原作的精髓，并通过视觉效果增加了故事的吸引力，能够激发学生对原著的兴趣，从而使他们感受到剧中语言的美感。每个人对同一文本的理解和想象可能千差万别，初中生在阅读理解能力上仍需提升，而影视作品的直观性是他们获取文学知识的一种新途径。影视作品往往通过镜头语言、配乐、表演等方式营造出强烈的情感氛围，使观众产生情感共鸣。教师可以引导学生分析影视作品中的情感表达方式，帮助他们在写作中运用类似的技巧，通过语言的节奏、语调、描写等手段增强文章的情感表现力。

不同类型的影视作品（如科幻片、悬疑片、爱情片、喜剧片等）为学生提供了不同的写作题材与形式。可以引导学生分析不同类型的影视作品，让他们在写作中尝试多种表达方式和文体风格。例如，学生可以借鉴科幻电影中的未来场景设计，创作具有前瞻性与想象力的科幻故事；借鉴悬疑影视中的情节设计，创作紧张刺激、充满悬念的短篇小说；借鉴喜剧影视中的幽默表达，创作富有趣味性与讽刺性的文章。这种多样化的写作训练，丰富了学生的写作内容，培养了他们在不同题材和风格中灵活运用语言的能力。

二、依托"互联网+"写作教学资源，创新教学

在"互联网+"的背景下，教育的方式和手段得到了深刻变革，尤其在写作教学中，互联网资源的广泛应用使教学设计得以更加灵活与创新。教师借助丰富的互联网资源进行教学导入，依靠多媒体设备，通过情景教学的方式增强学生的写作体验，使教学更加生动有趣，促进学生的写作技能和整体学习效果的提升。具体来说可从以下方面着手，如图3-12所示。

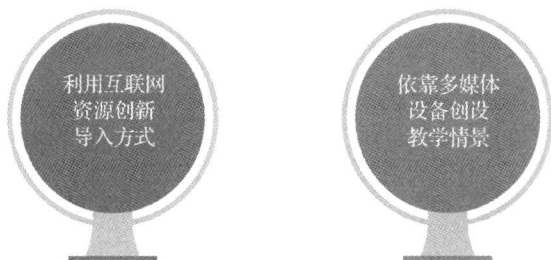

图 3-12 依托"互联网+"写作教学资源，创新教学

（一）利用互联网资源创新导入方式

写作教学的导入环节是课程开始的关键部分，能够为整个课堂设立调性，为整个写作过程奠定基础，决定了学生对课程内容的兴趣和参与程度。在"互联网+"背景下，教师要充分利用互联网资源，采用多元化和创新性的导入方式，使学生在课堂开始部分能对写作产生浓厚的兴趣。

互联网资源的广泛性和即时性为教师提供了丰富的素材选择。教师可以从互联网平台上寻找适合学生的文本、视频、图片、音频等多媒体资源，并将其作为写作课堂的导入材料。比如，在讲解某一特定主题的写作时，教师可以展示一段与主题相关的视频片段，让学生通过视觉和听觉的感受，迅速进入写作情境。这样的导入方式能够激发学生的感官体验，通过直观的表现形式帮助学生理解写作的主题与情感；对于人物精神的写作教学，应利用著名人物的图片启动课程，可以立即引发学生对人物的感知和兴趣，为深入的写作探讨奠定基础；针对新闻写作的单元，教师可以从网络获取实时的新闻片段导入教学，让学生感受新闻的现场氛围，激发他们对时事的关注和思考，增强他们学习的现实感和时事意识。

使用这些互联网资源时，教师可以设计视频观看后的问题讨论、猜测活动等互动环节，以此提高学生的参与度和探索欲，提高学生的思维活跃度，增强课堂的趣味性。另外，还可以通过一些适当的奖励机制激励学生的积极性，使他们在未来的写作学习中更有动力，提高他们的语文综合能力。

（二）依靠多媒体设备创设教学情景

情景教学法指教师在教学过程中有目的地创设具有一定情绪或情感氛围的生动具体的场景，以引起学生的情感体验，以便于学生理解教材的教学方法。[①] 这

---

① 李春桥.从简单教育论到对应教育论 对现行教育理论的反思与改造博文集（下）[M].北京：光明日报出版社，2021：283.

种方法依托于学生的生理和心理特点，构建教学环境，引发情感共鸣，能够极大地增强学习效果。在"互联网＋"教学环境下，多媒体设备的广泛应用为写作教学提供了更多的情景创设可能性，使其更具形象性和直观性。

情景教学的关键在于通过多媒体设备创造出逼真的感官体验。教师可以通过视频播放、音频播放、图片展示等方式将文字材料转化为具体的视觉和听觉体验。例如，教授叙事类写作时，教师可以通过播放一段情节紧凑的电影片段，使学生通过视频中的人物对话、动作、情感变化等细节感受到故事的氛围和情感张力，帮助学生更好地理解写作中的细节描写和情感表达，并将其运用到自己的写作中。

通过展示相关的历史图片、文化符号、背景音乐等多媒体材料，教师能够为学生构建一个更加真实的写作环境。例如，讲解历史题材写作时，教师可以通过图片展示古代的服饰、建筑、艺术品等，让学生通过视觉感受历史文化的氛围，使学生更加深入地理解历史背景，在写作中融入更加真实的文化元素，提升作品的厚重感和历史感。情景教学还可以结合虚拟现实（VR）等先进技术，进一步增强学生的沉浸式体验，让他们在虚拟的世界中进行观察、感受和体验。例如，描写自然景观时，教师可以通过虚拟现实技术带领学生"走进"一个真实的森林、海洋、山脉等自然环境，让他们通过视觉、听觉等多感官的体验，获取更加丰富的写作素材。这种沉浸式的情景教学能够激发学生的想象力，帮助他们更加准确、生动地描绘场景，提升写作的表现力。

三、优化"互联网＋"写作评改机制，拓展交流平台

"互联网＋"时代的到来，赋予了写作教学评改和交流更多的可能性。传统的写作教学评改机制依赖于教师的手工批改，受限于时间和精力，难以实现高效的个性化指导。而"互联网＋"为写作教学评改机制的创新带来了突破性机遇，可以更加有效地激发学生的写作兴趣，提升写作水平，如图 3-13 所示。

（一）运用人工智能软件，智能化评改

作文评改是一个不断调动学生积极性，提高学生心理品质，发展学生语言意识和写作效率的过程。[①] 传统的作文评改多依赖于教师个人的手工评改，人工智能技术的应用为写作评改带来了革命性的变革。它不但可以减轻教师的评改负担，还能够从多个角度对学生的写作从语法、结构、语言风格等角度进行自动评

---

① 杨加平．简论作文评改的重要性［J］．考试周刊，2009（37）：74.

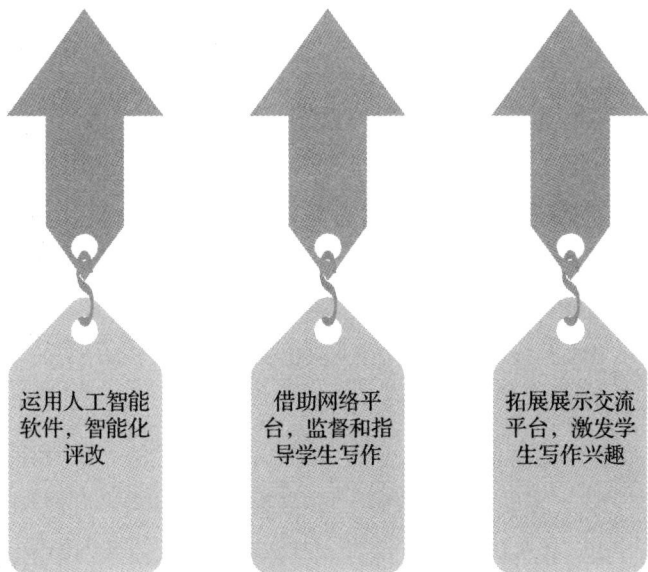

图 3-13 优化"互联网+"写作评改机制，拓展交流平台

估，并提供修改建议和反馈，全面帮助学生发现写作中的问题，提升写作质量。

人工智能评改软件通过大量的数据分析和深度学习技术掌握不同写作风格及类型的特点，对学生的作文进行个性化的评估。例如，豆包作文、文心一言这样的智能软件，可以为学生提供基于大数据分析的详细反馈。豆包作文能够为学生提供基于大数据分析的写作反馈。它可以智能检测作文中的语法、用词错误，并给出改进建议。教师通过豆包的课堂管理功能，实时跟踪学生写作进度，了解他们在写作中的常见问题，便于进行针对性指导。文心一言可以为学生提供更为深入的写作指导，尤其在写作构思和语言润色方面具有优势。文心一言的生成式AI技术能够帮助学生进行思路拓展，提升学生的写作创造力。在"互联网+"写作评改中，这些工具可以帮助教师减轻评改负担，并为学生提供即时、多角度的反馈，促进写作水平的稳步提升。这类智能化的评改机制能够根据学生的不同水平提供差异化的评改服务。对于初学者，人工智能可以更注重基础语法、句式的纠正；而对于高级写作者，人工智能可以提供更深层次的风格指导、表达的流畅性建议等。通过多角度、智能化的评改，学生能够更全面地理解自己写作中的不足，并获得有针对性的改进建议。

尽管人工智能评改在效率和广度上具备显著优势，但也需与人工评改相结合。人工智能擅长识别技术性问题，但对于写作的深度、创意和情感表达等方面的评估更依赖于教师的专业判断。因此，教师在写作教学中可以将人工智能评改作为辅助工具，结合自己的专业知识为学生提供更加综合、全面的评改指导。这种双重评改机制能够更好地兼顾效率与质量，使学生在高效的评改过程中，获得更加深刻的写作反馈。

（二）借助网络平台，监督和指导学生写作

在现代教学环境下，互联网平台为写作教学的监督和指导提供了便利条件。借助网络平台，教师可以实现对学生写作过程的动态监督和指导，更好地帮助学生调整写作过程中的思路、修改细节等，便于教师掌握学生的学习进度，为学生提供实时的帮助，提升了写作的过程体验。

对初中生而言，短时间内完成高质量写作是一个挑战，教师在课堂上也难以对每位学生的写作状态进行个别关注。在这样的背景下，"互联网+"提供了一个优化的解决方案，使原本在传统课堂上难以实现的个别指导成为可能。通过互联网平台，教师可以扩展课堂外的监督和指导，利用软件实时跟踪学生的写作活动，了解他们在写作任务上花费的时间以及作品的原创性。利用网络平台，教师可以对学生的作文进行定期检查，及时提供反馈，这对于激发学生的写作热情和提高其写作质量至关重要。这类平台能够为学生的写作进度制订更为个性化的指导计划，确保写作教学的连续性和系统性。

借助这种技术，教师能够有效地促进学生的写作进展，提高写作教学的质量，助力学生建立良好的学习习惯，将写作教学从课堂中的孤立活动转变为持续的学习过程，同时与阅读教学相结合，进一步丰富学生的学习体验。教师还可以通过网络布置写作任务，并利用平台进行监督和反馈。学生在课外完成写作后，可以通过平台提交作品，教师则根据学生的表现进行个性化的指导。这种课外写作与课堂教学的结合，有助于提升学生的写作自主性，帮助他们在不断的练习中巩固和提升写作技巧。

（三）拓展展示交流平台，激发学生写作兴趣

初中学生正处于成长的关键阶段，他们对外界的认可和赞赏非常敏感，这一阶段适当的赞美和关注可以极大地激发他们的学习热情和创作动力。在"互联网+"的背景下，利用各种平台展示学生作品，可以拓宽教师与学生之间的交流渠道，有效提升学生的写作兴趣。教师可以利用微博、微信、QQ等社交平台创建专门的写作分享区，为学生的作品提供展示的空间，引入家长与教师的共同参与，形成一个多方互动的教学环境。通过家校合作，家长可以协助教师管理平台，同时关注并评价孩子的作品，深入地了解孩子的学习进展和心理状态。

平台的交流展示功能可以通过组织写作比赛、作品评选等方式，让学生在竞争中提升写作能力。教师可以利用互联网平台举办线上写作比赛，邀请学生根据特定的主题创作作品，并在平台上进行展示和评选，使学生在相互竞争中激发出更多的写作灵感，同时能够通过他人的作品从中获得启发。这种平台化的写作展示为学生提供了展示才华的机会，帮助他们在创作中逐步形成个性化的写作风格。相比于传统的课堂写作展示，互联网平台可以让学生的作品被更多人看到，吸引到更多的读者。这种广泛的读者反馈能够帮助学生更加客观地认识自己的作品，还能够让他们在面对不同意见和建议时进行深刻的思考与改进，极大地提升学生的写作热情，促使他们更加愿意主动参与到写作活动中。

第四章　阅读与鉴赏

第一节　阅读兴趣的激发和阅读习惯的培养

在学生成长过程中，阅读既是获取知识的重要途径，也是培养独立思考、激发创造力的关键手段。有效的阅读能够提升学生的语言表达能力、思维深度与文化素养。通过多样化的教学策略激发阅读兴趣、培养阅读习惯，能够帮助学生在书籍的世界中找到乐趣与成长的动力。

一、阅读兴趣的激发

为了激发学生的阅读兴趣，教师可以从多个角度进行引导，帮助学生建立对阅读的热情和兴趣，如图 4-1 所示。

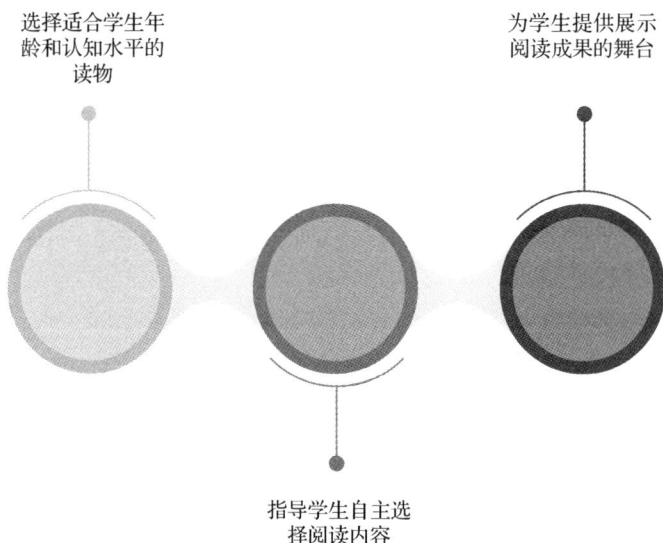

选择适合学生年龄和认知水平的读物

为学生提供展示阅读成果的舞台

指导学生自主选择阅读内容

图 4-1　阅读兴趣的激发

（一）选择适合学生年龄和认知水平的读物

不同年龄段的学生有着不同的认知特点和兴趣偏好，因此，教师在推荐阅读材料时需要充分考虑学生的年龄和认知发展。适合的读物能够帮助他们在阅读中获得成就感，增强他们的自信心。对于初中生而言，教师可以选择那些贴近他们生活、富有情感和思维深度的经典文学作品，引发学生的共鸣，引导他们在阅读中思考生活中的问题。这类作品通过富有情感的语言和生动的情节，能够激发学生的阅读兴趣，并促使他们在阅读中不断探索和思考。除了文学作品外，历史、科技、文化等领域的不同类型的书籍也能够拓宽学生的知识面，激发他们对不同领域的兴趣。例如，科普书籍能够激发学生对科学的好奇心，历史书籍也能够让学生了解过去的文化与事件……这些都为学生的全面发展提供了有力支持。通过为学生选择适合他们年龄和认知水平的读物，教师能够帮助学生在阅读中获得更多的满足感和成就感。这种正向的体验能够不断激发学生的阅读热情，使他们愿意主动参与到阅读活动中来。

（二）指导学生自主选择阅读内容

初中生已经具备一定的自主选择能力，因此可以指导他们自主选择阅读的内容，给予他们充分的阅读自由，以增强学生的阅读兴趣，使他们在阅读中获得更多的自主权和满足感。当学生能够根据自己的兴趣和喜好选择阅读材料时，他们会更加投入于阅读过程中。教师可通过推荐书单的方式，为学生提供多样化的阅读选择，推荐书单既涵盖经典文学作品，也包括现代小说、科普书籍、历史文化读物等不同的类型和题材。通过提供广泛的选择，能够满足学生不同的阅读需求和兴趣倾向，让他们在自主选择中找到适合自己的阅读材料。

在面对大量的阅读材料时，学生往往难以确定自己的兴趣点和阅读方向，教师可以通过提问、讨论等方式帮助学生更好地了解自己的兴趣和需求。例如，通过向学生提问"你对什么样的故事感兴趣？""你想了解哪些领域的知识？"能够引导学生更加明确地选择适合自己的读物，增强学生的阅读兴趣，培养他们的自主学习能力和独立思考能力。还要多开展阅读讨论、分享活动，鼓励学生相互推荐书籍，从同伴的推荐中发现新的阅读材料，并通过讨论加深对阅读内容的理解。这种群体互动的方式能够增强学生的阅读兴趣，帮助他们在阅读中形成积极的交流和学习氛围。

（三）为学生提供展示阅读成果的舞台

当学生能够在他人面前展示自己阅读的成果时，他们会有成就感和满足感，这种积极的体验能够进一步增强他们的阅读动机。因此，教师应为学生提供展示阅读成果的机会，鼓励他们通过多种形式分享自己的阅读收获。同时，展示阅读成果的方式要多样化，教师可以根据学生的特点和需求设计不同的展示活动。例如，组织读书报告会，让学生向全班同学介绍自己最近读过的书籍，分享书中的精彩片段、人物分析和个人感悟，帮助学生在表达的过程中进一步梳理和深化对阅读内容的理解。还可以鼓励学生以书评、读书心得等书面形式展示阅读成果，通过撰写书评锻炼他们的语言表达能力，通过分析书中的情节、人物、主题等，展示自己对阅读内容的深入思考，更好地消化阅读内容，提升他们的写作和表达能力。

互联网平台为学生提供了线上展示阅读成果的机会，可以创建班级博客或阅读论坛，让学生在平台上发布自己的书评和读书心得，并与同学进行互动和讨论，以增强学生的阅读兴趣，促进他们在阅读中的积极交流与合作。

二、阅读习惯的培养

初中生养成良好的阅读习惯，是一种可贵的品质，是以写促读语文教学方式的要点，也是飞跃时空与作者进行无声对话的有效方式。[①] 为促使学生形成持续、有效的阅读习惯，教师需要从多方面加以引导，如图 4-2 所示。

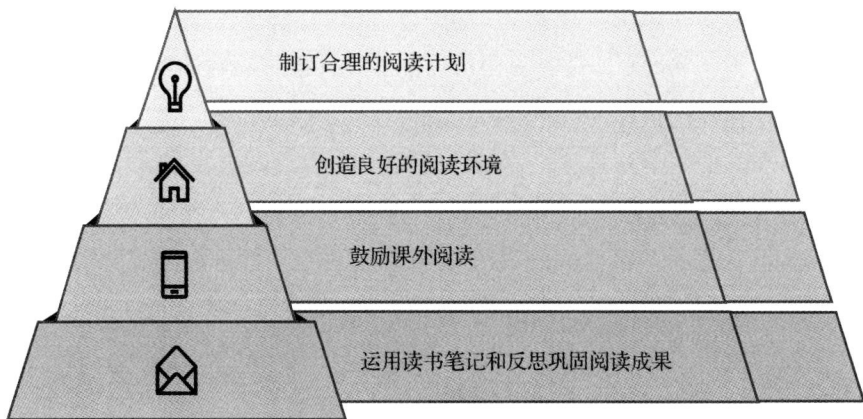

图 4-2 阅读习惯的培养

① 张晓琳.初中语文读写结合教学策略研究［M］.长春：吉林人民出版社，2020.

（一）制订合理的阅读计划

制订合理的阅读计划能够帮助学生养成良好的阅读习惯。学生在学习生活中常常因为学习任务繁重而忽略阅读。因此，教师要帮助学生制订切合实际的阅读计划，使他们能够有条不紊地进行规律阅读。确保学生既能坚持阅读，又不会因为时间压力而感到负担过重。

制订阅读计划的主要目的是帮助学生养成持续阅读的习惯，不能盲目追求阅读的数量或进度。阅读计划要具有灵活性和可操作性。学生可以在阅读计划中设定具体的目标，如每天阅读半小时或每周完成一定章节，要严格执行，坚持不懈。这种目标导向的方式有助于学生养成规律的阅读习惯，确保他们在繁忙的学习生活中能坚持阅读。在制订阅读计划的过程中，教师应引导学生选择适合自己水平和兴趣的读物，为他们提供建议和指导。这有助于学生提高阅读的主动性，还能够通过制订符合个人需求的阅读计划，让他们感受到阅读的乐趣和成就感，使他们在有限的时间内达到最佳的阅读效果，形成持续阅读的好习惯。

（二）创造良好的阅读环境

舒适、安静的阅读空间能够有效提高学生的阅读专注度和持久力，使学生专注于阅读，在轻松愉悦的氛围中享受阅读的乐趣，帮助他们养成良好的阅读习惯。

教师通过布置教室阅读角、提供舒适的座椅和充足的照明，营造出适合学生阅读的环境。阅读角可以陈列适合学生的书籍，并为他们提供安静的阅读空间，帮助学生在学习压力较大的情况下，找到一片安静的天地，专注于书籍和文字的世界。教师还可以通过阅读分享会、读书俱乐部等活动，营造积极的阅读氛围，鼓励学生在轻松愉快的氛围中互相交流阅读体验和心得体会，增强他们的阅读兴趣和阅读动力。这种积极的互动，不仅能够促进学生之间的沟通与合作，还能够增强他们对阅读的兴趣，使他们更加愿意融入阅读的活动中。阅读环境的创造不局限于教室，家庭环境在培养阅读习惯中同样发挥着关键作用。教师通过与家长合作，可以为学生营造一个适合阅读的家庭环境。例如，家长可以为学生提供独立的书桌和阅读区域，减少干扰，确保学生有一个安静的空间进行阅读。家长还可以与学生共同阅读，营造家庭阅读氛围，培养孩子的阅读习惯。

（三）鼓励课外阅读

课外阅读是帮助学生开阔眼界、积累知识的有效途径。课堂之外，学生可以自由选择阅读材料，获得更多领域的知识，拓展思维方式，提升阅读能力。教师应该积极鼓励学生进行课外阅读，并为他们提供适当的指导，使他们能够从课外书籍中获得更多的知识与灵感。为激发学生的课外阅读兴趣，教师可以设置阅读挑战活动。例如，设定一个阅读目标，鼓励学生在一段时间内完成特定数量的书籍阅读，并在完成后进行分享和总结，从而激发学生的竞争意识，通过设置目标和奖励机制，帮助他们养成课外阅读的好习惯。

（四）运用读书笔记和反思巩固阅读成果

在阅读过程中，学生通过记录自己的思考和感悟，能够更好地理解书中的内容，并将所学的知识内化为自己的认知。读书笔记可以帮助学生整理阅读材料中的重要信息，促进他们对阅读内容的深入思考和反思，增强他们的阅读理解能力和记忆力。在读书笔记中，学生可以记录自己对书中情节、人物、主题等方面的思考与感悟。通过记录阅读过程中的所思所感，学生能够加深对阅读内容的理解，并将书中的知识点与自己的实际生活经验结合起来，以巩固阅读中的收获。教师可以引导学生定期回顾自己的读书笔记，进行阶段性的总结和反思。通过对阅读过程中的点滴记录进行回顾，学生能够更加清晰地看到自己阅读中的进步和不足，并为未来的阅读设定新的目标，在不断调整和改进中形成稳固的阅读习惯。

第二节　阅读教学对学生审美素养的培育

初中语文教学中的阅读教学既是提高学生语言表达能力、拓宽知识视野的重要手段，也是培养学生审美素养的有效途径。通过精心设计的阅读教学，学生逐步形成对美的感知、理解与表达。

一、强化学生的审美意识

审美素养的培育是中学语文教育的重要组成部分，其核心在于激发和强化学生的审美意识，使学生在日常生活中养成主动感知美、理解美、欣赏美的能力，如图4–3所示。

（一）衔接日常生活，培养审美意识

审美意识并非只存在于艺术作品的欣赏中，它同样体现在生活的方方面面。教师在阅读教学中，要通过科学的设计和衔接，将学生的阅读体验与他们的日常生活紧密结合，让他们在生活中主动发现美、感知美。比如，在阅读《春》《济南的冬天》自然类散文时，教师可以鼓励学生关注日常生活中的自然景观，感受四季变化以及花草树木的生长和环境的美感，逐步培养对自然美的感知力，并运

图 4-3　强化学生的审美意识

用到日常生活中，形成自觉的审美习惯。通过这种能力的培养，学生的审美意识逐渐渗透到日常生活中，使他们能够发现美的存在。教师平时也可以组织学生进行观察日出日落、变化的云彩等关于自然现象的主题性观察活动，并引导学生用诗意的语言来描述他们的观察结果，不仅锻炼了语言表达能力，还加深了对自然美的感受和理解。教师要鼓励学生将日常生活中的普通场景转化为审美对象。例如，让学生记录下他们对日常生活中简单事物（如一顿饭、一次会面、一段对话）的美的感受，并在课堂上进行分享和讨论，增加学生对生活的观察和思考，培养他们将普通生活事件转化为审美体验的能力。

（二）多元阅读，提高审美品位

审美品位是学生在长期的阅读和审美积累中逐渐形成的，它反映了个人对美的鉴赏能力，体现了其对美的追求与态度。在阅读教学中，教师可以通过提供多元优质的阅读材料，潜移默化地培养学生正确的审美价值观，引导学生在广泛的阅读体验中逐步提高审美品位。为了实现这一目标，教师应运用比较阅读、群文阅读、迁移阅读等多样化的阅读方法，拓宽学生的阅读视野并提升阅读的深度。例如，教学《昆明的雨》这篇课文时，教师可以运用比较阅读法，引导学生对比《春》和《雨的四季》中对雨的不同描写，探讨三篇散文在艺术处理和情感表达上的相似之处与差异，锻炼学生的审美判断力。

教师需要为学生选择一些具备深刻美学价值的经典作品，以提升学生的阅读能力，引导他们对美的本质进行思考。经典文学作品往往通过优美的语言和深刻的主题呈现出高雅的艺术品位与思想价值，为学生提供优秀的审美范例。经过长期的阅读积累，学生逐步形成高尚的审美品位，并将这种品位应用到他们的日常生活和学习中。除文学作品，教师还可以为学生推荐哲学、历史、艺术等领域的经典著作，这些不同文化、艺术形式的作品能够帮助学生在广泛的阅读体验中体会美的多样性与复杂性，既提升了学生的审美品位，也提高了学生对美的深层次理解能力与鉴赏能力。

（三）个性化教学，培养学生独特审美个性

审美个性是每个学生独特的美感体验与表达方式，体现在他们对美的理解与欣赏中。个性化的阅读教学可以激发学生的审美个性，帮助他们在阅读中发现和发展自己的审美观念，在多样化的审美体验中激扬审美个性。教师需要运用自己独到的视角和智慧来启发学生，教学时应摆脱对辅导资料的依赖，敢于创新，突破传统束缚，展示自己的审美素养和个性。选择教学文本、解析内容及设计课程时要大胆创新，要将教学内容与学生生活实际相结合，才能促进师生之间的交流和思想碰撞。

课程资源的开发和利用方面，教师要合理运用网络信息资源，引入微课、慕课等多媒体教学资源，激发学生的学习兴趣，引导学生进行个性化思考。阅读教学既是感知和思考的过程，也是学生形成独立认知和理解的过程，通过这种体验，学生能够学会独立思考和审美鉴赏，形成个性化的审美观。为了更好地培养学生的个性化思考和创新能力，教师应尊重学生的个性和情感，创造一个宽松、和谐、民主、平等的教学环境。允许学生自由表达自己的看法，鼓励他们分享和交流，不必担心答案的对错，而注重思考过程的独创性和深度。通过这种教学方法，学生可以在阅读中找到自我表达的空间，通过文本提供的多样解读可能，探索和确认自己的审美及思想。这种教学策略能够促进他们个性化审美观念的形成和发展。通过这样的教学实践，学生能够在阅读中实现个性的自由展现和智慧的成长，逐步建立起属于自己的独特审美和思想世界。

（四）以境界美，追求崇高审美理想

境界美是一种超越现实的美学追求，它体现了人类对崇高、理想与超越的向往。在阅读教学中，教师通过引导学生体会作品中的境界美，帮助他们在阅读中培养崇高的审美理想，提升学生的审美层次，激励他们追求更高的精神境界与价值观念。在具体的阅读教学中，教师应巧妙地运用教材中的文本，特别是那些描绘人物高尚品格和精神力量的篇章来塑造学生的价值观。文本中展现的理想主义品质和斗志是激发学生积极向上和坚韧不拔精神的重要资源。例如，教学《钢铁是怎样炼成的》这样的名著时，可以组织学生进行读书报告会，分析主人公的坚定信念和对抗命运的不屈精神，让学生从中学习如何面对生活的挑战；通过教学《假如生活欺骗了你》和《假如给我三天光明》等作品，可以引导学生通过朗诵、演讲和写作活动深入理解生活的非线性特质和现实与理想间的张力；教学《纪念白求恩》和《邓稼先》等篇章时，适时地向学生介绍人物的历史背景和贡献，让学生感受到为社会和理想奋斗的热情和精神。通过这些教学实例，学生将学会欣赏那些为民族进步和社会发展做出卓越贡献的杰出人物的精神，进而理解生命的真正价值。

二、丰富学生的审美情感

情感大幅提升了生命生存的内在价值，给人类生活带来一种无可替代的享受体验价值；情感的缺失或冷漠，在人生中是一种丑，在艺术世界中也是一种丑，情感的丰富无论对艺术还是人生，都是一种美。[1]教师在阅读教学中可通过以下途径引导学生获得丰富的情感体验，并逐步形成对美的深刻理解，如图4-4所示。

图 4-4　丰富学生的审美情感

（一）创设情景，激发学生审美情感

在初中语文阅读教学中，教师通过言语的艺术营造丰富的审美情境，激活了学生的情感体验，以情感沟通为桥梁，带动学生情感的共鸣。教师的教学语言，既是传递知识的载体，也是建立师生情感交流的重要工具。当教师的语言富有情感色彩和教育意义时，能有效缩短与学生间的距离，营造充满情感的阅读教学氛

---

[1] 熊芳芳.语文审美教育12讲［M］.上海：华东师范大学出版社，2018.

围。语文教师在阅读教学中要注意语速的快慢、音量的高低、音调的变化及抑扬顿挫等语言表达的节奏，以提升阅读教学的感染力。教师的肢体语言、表情、动作乃至教室的布置都是营造审美情境的元素，能够深刻影响学生的审美感受。通过精心设计的教学情境，教师能够制造出"震撼心灵"的教学效果，唤醒学生的深层情感。例如，阅读杜甫诗歌《石壕吏》《茅屋为秋风所破歌》《卖炭翁》时，教师可以利用多媒体技术播放与诗歌内容相匹配的动画视频，辅以恰当的背景音乐，以此重现诗中的苦难场景，增强课文的情感渲染力。

除利用多媒体资源以外，朗读同样是一种有效的教学方法。教师的示范朗读和学生的亲自朗读，能使学生在声音的流转中感受文本的情感深度和美的意境。教师应引导学生从整体到局部、从声音的细节到情感的层次逐渐深入，通过变化的语速和语调感受文本中的情感色彩，让学生在朗读中体验和表达自己的情感理解。例如，在《最后一次演讲》阅读课堂教学中，除使用多媒体资源增强情感体验外，教师可以选择几名学生模拟演讲，再由全班同学评选出表现最为动人和情感表达最为深刻的表演，加深学生对文本的理解，使他们能够从多角度体验和把握文本中的情感及精神内涵。

（二）深入解读文本，引发学生情感共鸣

在阅读教学中，教师要引导学生深入分析和解读，帮助他们理解作品中的情感内涵，使其感受到文字背后的情感脉络，并在这种理解中逐步形成情感共鸣。文学作品之所以能触动人心，往往是因为它们承载了作者的深刻人生体验和情感。教师应在课堂上构建能够连接学生与作者内心的桥梁，包括帮助学生了解作者的生平和创作背景，引导学生深入作品的时代背景和社会环境等。以《春望》为例，这首诗反映了杜甫在"安史之乱"期间的深沉悲痛和对国家的忧虑，通过让学生了解这首诗的创作背景，让学生感受到杜甫的情感。

阅读教学中作品中的情感并非是单一、直接的，它往往包含着多层次的复杂情感。教师要帮助学生分辨这些情感层次，引导他们体会不同情感间的关系和对比。例如，在解读一部情感复杂的文学作品时，教师可以引导学生分析作品中的主线情感与副线情感，帮助他们理解不同情感在作品中所起的作用，帮助学生更全面地理解作品中的情感结构，以唤起情感共鸣。

（三）搭建情感表达的交流平台

通过搭建适当的交流平台，教师能够引导学生及时表达他们在阅读中的情感体验，进一步深化他们的审美感受，帮助学生梳理和总结他们的阅读体验，使他们的情感体验更加丰富和多样。教师可以通过课堂讨论、读书会等方式搭建情感交流的平台，让学生在集体中分享他们的情感体验与阅读感受。讨论能够激发学生的思维，并促使他们在交流中反思和深化自己的情感体验。例如，教师可以组织学生在课堂上分享他们对某部作品的情感反应，并通过提问和讨论，帮助学生进一步挖掘和表达这些情感，并且通过他人的视角和体验来丰富自己对作品的情感感知。教师还可以通过小组讨论的方式，鼓励学生在小组内自由地表达他们的情感体验，在互动中分享他们对文本的独特感受，并通过讨论来加深对情感的理解。

三、深化学生的审美体验

审美体验，指鉴赏主体在审美直觉的基础上，调动再创造的想象力和联想力，激起丰富的情感，以一种移情的心理活动方式，设身处地地生活到艺术作品中，获得心灵的审美愉悦，把外在作品中的艺术形象转化为鉴赏者自身的生命活动。[①] 它是一种通过感知、理解、反思美的事物，产生情感共鸣和思想升华的过程。阅读教学是引导学生在阅读中与美相遇、与情感交会的重要途径，通过多样化的阅读活动和体验，教师可以帮助学生在阅读中获得更为深刻的审美体验。

文本中的语言、情节、意象、情感等元素都是学生进行审美体验的重要基础。教师在教学过程中通过有意识的引导，帮助学生在阅读中主动感知作品富有表现力的语言、具有象征意义和情感价值的意象等审美元素，使学生能够更为细腻地感知作品中的美，增强他们的审美体验。在感知美的基础上需要进一步延展，对美进行深层次的理解。教师可通过讨论、提问和引导思考等方式帮助学生在感知的基础上理解作品的深层意涵。例如，在分析一篇抒情散文时，教师可以引导学生思考作者为何选择特定的语言和意象，这些选择与作品的主题和情感表达有何关联等，以帮助学生更好地理解作品中的审美价值，并在这种理解中深化他们的审美体验。

审美不仅是对已有美的欣赏，更是通过想象与创造将自身的情感与思想融入审美过程中。教师在阅读教学中通过引导学生进行情景模拟或角色扮演等活动帮助他们通过想象与创作而参与到作品的审美世界中。学生可以通过想象自己处在作品的情境中，体验角色的情感波动与心理变化，在审美体验中获得更加深刻的

---

① 姚杰.艺术概论［M］.北京：中国传媒大学出版社，2015.

情感共鸣与思想升华。

四、提升学生的审美能力

审美能力是学生审美素养全面发展的核心内容，《义务教育语文课程标准（2022 年版）》对提升学生的审美能力提出了新的要求。通过阅读教学，教师能够帮助学生在感知美、理解美和创造美的过程中逐步提升他们的审美，如图 4-5 所示。

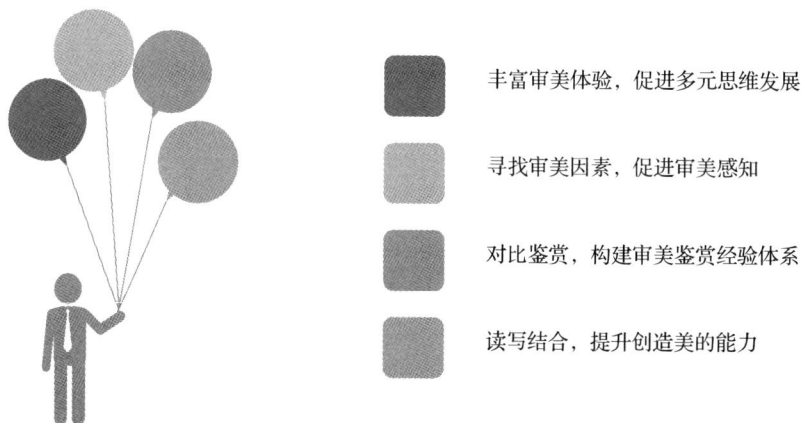

丰富审美体验，促进多元思维发展

寻找审美因素，促进审美感知

对比鉴赏，构建审美鉴赏经验体系

读写结合，提升创造美的能力

图 4-5　提升学生的审美能力

（一）丰富审美体验，促进多元思维发展

思维能力的培养是语文教育的重要内容。思维能力融合了学习力、想象力、创造力等综合处理问题的能力。在阅读教学中，教师要善于引导学生接触不同风格、不同主题的文学作品，在多样化的艺术形式中形成丰富的审美体验，扩展他们的思维广度，帮助他们在不同的文化背景和艺术形式中形成独立的审美见解。《义务教育语文课程标准（2022 年版）》特别强调了思辨性阅读与表达的重要性，教师应通过引导学生阅读、比较、推断、质疑和讨论等方式，梳理观点和事实的关系，辨析态度与立场，辨别是非、善恶、美丑，并能有条理、有逻辑地表达自己的观点。例如，在学习小说《变色龙》时，教师要善于引导学生探究文中人物奥楚蔑洛夫在审案过程中体温变化的疑点，激发学生的兴趣，帮助他们进行深入思考和理解小说的讽刺艺术，深化他们对人物形象的理解。

教师在阅读教学中要超越简单的文本理解，要善于引导学生通过思辨性阅读获得更深层次的思考，鼓励学生积极地发现问题和解决问题，通过分析、解释、质疑、推理、判断和论证的过程，深入解读文本，探求问题的本质，锻炼和提升学生的思辨能力。

（二）寻找审美因素，促进审美感知

在培育审美素养与情操的过程中，关键在于促进学生对美的感受与认识。教师要引导学生从感受和认识美开始，进一步欣赏并创造美。审美感知能力的培养是提升学生审美能力的基础，涵盖了对审美对象的外在形象因素以及内在情感、意境和象征意义的感知。

审美感知能力的培养需从感知审美对象的外在形象如语言文字美、声音美、形态美、色彩美开始，进而深入到对作品情感、意境、象征意义的理解等更复杂的层面，使学生能通过外在的形象触及作品的精神本质和内在价值。语言文字美是文本中的基本审美因素，通过对语言文字的品味，学生能够感知到其背后蕴藏的思想内容之美。教师要多鼓励学生朗读、分析并探索课文中美丽的词语、句子或段落，实现学生在自我探索和教师的点拨中逐渐积累审美感知和经验，享受到审美的愉悦。进一步的审美感知还包括对文学作品中的意象和意境的理解。意象是文学作品中将个体情感与外界事物结合的艺术形象，而意境是通过意象构建的一种艺术氛围和情感状态。例如，《天净沙·秋思》中的意象枯藤、老树、昏鸦，不仅描绘出了一幅秋天的景象，还蕴含了深秋的悲怆情绪，通过这些意象深入作品的情感世界，才能理解作者的情感表达和审美追求。

（三）对比鉴赏，构建审美鉴赏经验体系

审美鉴赏的本质在于深度解析和评价审美对象，它超越了对文本表层的理解，深入到文字、词句。审美能力的提升需要在感知美和理解美的基础上，通过不断的鉴赏实践来积累经验，逐步构建起学生的审美鉴赏经验体系。对比鉴赏通过对不同作品的对比分析，帮助学生深入理解作品中的美学特征，完成鉴赏经验的积累。

在阅读教学中，教师要引导学生对不同作品进行对比鉴赏，通过对同一主题不同风格的作品进行比较，学生能够更好地体会不同作家在表达美学思想时的差异，加深对作品的理解，还能够逐步构建起他们的审美鉴赏体系，形成对美学风格的独立判断力。在对比鉴赏的过程中，教师可以鼓励学生从语言、情节、人物塑造、主题表达等角度进行思考分析，使学生全面地认识作品的美学价值，并逐步形成他们的鉴赏经验体系，帮助他们在阅读中形成更加深刻的审美体验。

审美鉴赏能力的提升需要技巧及经验的积累，因此，教师应定期组织专题阅读，帮助学生建立审美规律的认知。如在"豪放派创作特色"的主题阅读活动中，教师通过引导学生对范仲淹、苏轼、辛弃疾等不同作家的作品进行横向和纵向的比较，从中感受到各自的情感表达和风格特点，辛弃疾的激情、范仲淹的雄浑、苏轼的豁达……通过这种系统的对比分析，可以加深学生对文学风格的理解，丰富了他们的审美经验。

（四）读写结合，提升创造美的能力

创造美是审美活动的最高成果，也是美的归宿和美育的最终目的。[①] 在阅读教学中，通过读写结合的方式，引导学生感知美、欣赏美，在实践中创造美和表达美，从而提升学生的审美创造能力。读写结合将阅读与写作紧密联系在一起，学生能够在阅读中获得灵感，并通过写作将灵感转化为具体的创作，进一步锻炼和提升了他们的审美创造力。

教师要构建开放型的阅读环境，选取与学生生活经历相关、具有启发性意义的社会热点作为创作话题。通过拓展文本主题引导学生进行思考和表达，以培养其审美创造力。如在《愚公移山》教学中，可以引入《精卫填海》《水滴石穿》等故事，让学生体会到文中自强不息的民族精神，加深学生对愚公精神的理解，并通过写作或口语表达，让学生分享自己对这种精神的感受。在阅读教学中，教师也可以通过仿写、续写、改写等形式激发学生的创新思维和情感体验，以提升学生的语文技能，增强他们的审美创造力。

在读写结合过程中，学生要逐步形成自己独特的审美风格和表达形式，通过尝试不同的语言风格、叙事方式、表达手法等种种探索，逐步找到适合自己的美学表达方式。在这一过程中，教师应鼓励学生大胆进行尝试，给予他们自由表达的空间。

五、融入中华传统文化中的美育元素

在阅读教学中融入中华传统文化的美育教育可以提升学生的审美素养，帮助他们加深对民族文化的理解和认同感。中华传统文化蕴含着丰富的美学思想，涵盖了多方面内容，将这些美育元素融入教学不但能激发学生的学习兴趣，更能培养他们的审美意识、审美情感和鉴赏能力。

---

① 辽宁传媒学院.艺术概论［M］.沈阳：辽宁美术出版社，2019：138.

（一）通过古典文学培养美学意识

中华传统文化中的古典文学作品是美育教育的重要载体，教师通过引导学生欣赏唐诗、宋词、古文名篇等经典文学作品，培养他们的美学意识。如唐诗中对自然景物的描写，"白日依山尽，黄河入海流"展示了大自然的壮丽之美，还蕴含着积极向上的情感，通过精练的语言、凝练的结构，将自然与人文情怀相结合而引发学生的情感共鸣。教师在教学中带领学生仔细分析这些诗句，帮助他们领会自然之美与人文之美的结合。另外，通过品读《红楼梦》《三国演义》《水浒传》等传统名著中的经典片段，学生可以感受到书中人物的性格魅力和故事情节的美感，增强他们的审美意识。这种对古典文学的深层次体验，有助于学生在日常生活中体会到语言的美和文化的韵味，使他们从文字中感受到中华传统文化的丰富美感，逐步培养出具有民族特色的审美观念。

（二）传统节日文化与美育结合

中华传统节日中的文化习俗和美学表达为美育教育提供了丰富的资源。教师可以在传统节日（如中秋节、清明节、端午节等）期间，通过诗词、民间传说和节庆习俗的介绍，引导学生感受节日中所蕴含的美学意境。例如，中秋节时，教师可以带领学生学习李白的《静夜思》、苏轼的《水调歌头》等与月亮相关的古典诗词，帮助他们体会诗中表达的思乡情怀和对团圆的渴望。还可以介绍中秋节吃月饼、赏花灯的习俗，使学生从文字和生活体验中感受到传统节日的美学内涵。清明节时，教师可以引导学生诵读杜牧的《清明》，理解诗句中的伤感情怀，并在文化氛围中体会对逝者的哀思。

通过这些节日活动使学生在特定的情境中提升文化认同感，在节日中培养起对传统美学的喜爱。传统节日美育教育使学生在情感体验和文化学习中逐渐形成深层次的文化理解和审美共鸣。

第三节　整本书阅读教学策略

整本书阅读的概念是由叶圣陶最早提出的，他指出教材应该是整本的书，或者整本书应该作为阅读的主体。[①]《义务教育语文课程标准（2022年版）》明确指出了关于整本书阅读教学的相关要求：整本书阅读教学要注重学生的自主

---

① 叶圣陶.论中学国文课程的改订［J］.语文建设，2018（13）：1.

性阅读；在阅读实践中，应依据阅读实践需求，对阅读资源进行合理的推荐与使用；注重对整个过程进行考察，根据阅读态度、阅读方法、阅读笔记等进行评估。①

一、优化阅读环境，增强学生深度体验

整本书阅读与片段式阅读不同，它需要学生持续地投入时间和精力才能完整地理解作品的结构、主题和思想内涵。这种深度阅读的体验，除学生自身的努力，还需要外部环境的支持，良好的阅读环境能够激发学生的阅读兴趣，增强他们在阅读中的投入感，促进理解力和创造力的提升，如图 4-6 所示。

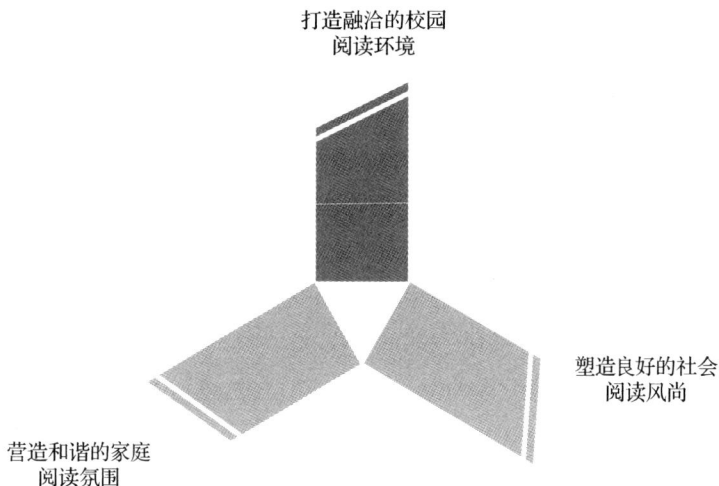

图 4-6　优化阅读环境，增强学生深度体验

（一）打造融洽的校园阅读环境

校园是学生日常学习和活动的主要场所，学校应该在课堂教学之外，打造融洽的校园阅读环境，为学生提供丰富的阅读资源和自由舒适的阅读空间，激发学生对整本书阅读的兴趣，促使他们在校园中养成良好的阅读习惯。

学校图书馆作为整本书阅读的核心阵地，应重视阅读设施的建设和图书资源的充实。具体而言，学校需要确保图书馆藏配备完整，包括教材推荐的名著及课程要求的阅读材料，并且保证这些图书数量能够满足学生的需求。为了适应学生

① 中华人民共和国教育部. 义务教育语文课程标准（2022 年版）［M］.北京：北京师范大学出版社，2022.

的发展需要，学校应定期更新图书种类，增加适合初中生身心发展的读物，为学生提供多元化的阅读选择。为了促进学生的深入阅读和文化素养的提升，学校可以采取定期举办读书会、阅读分享会等活动，使学生在阅读的同时能够与同伴交流心得，分享阅读体会，增强学生的阅读动力，让他们在阅读中感受到集体的力量和共同进步的喜悦。学校的教室环境要进行适当的优化，可以在教室内适当的位置设立图书角，让学生能够在课余时间进行自主阅读。通过这种自由化阅读环境的创设，学生更容易进入阅读状态中，逐步培养对整本书阅读的习惯。

（二）营造和谐的家庭阅读氛围

家庭是学生进行整本书阅读的重要支持力量，良好的家庭阅读氛围能够帮助学生在课余时间保持持续的阅读兴趣，并在亲子共读中获得更加深刻的情感体验与阅读感受。整本书阅读通常包含很多内容，需要较长的阅读时间。家长在整本书阅读中扮演着重要的角色，他们能够为学生树立榜样作用，通过自身的阅读行为和态度影响学生的阅读习惯。

阅读需要专注和安静，家长要为学生提供一个独立的阅读角或书房，环境要舒适、安静，避免外界的干扰，能够让学生在其中沉浸于整本书的阅读中。家长还可以在家庭中设立书架，提供丰富的阅读材料，让学生能够自由选择他们感兴趣的书籍。通过这种物理环境的建设，学生能够在家庭中享受到安静、专注的阅读时光，在家校结合的双重环境中提升整本书阅读的质量。在家庭阅读氛围营造中，家长要积极参与进来，与学生进行亲子共读，通过共同阅读整本书来增进亲子之间的情感交流。在共读过程中，家长可以与学生讨论书中的情节、人物和主题，分享各自的阅读感受，在互动中激发学生对整本书阅读的兴趣，帮助他们加深对书中内容的理解。家长的阅读榜样作用不可忽视，在日常生活中家长要展现出对阅读的热爱，主动进行整本书阅读，并与学生分享自己的阅读心得。学生往往会从家长的行为中获取行为模式和价值观念，当学生看到家长专注于整本书的阅读时会受到感染，逐步将阅读作为生活中重要的一部分。

（三）塑造良好的社会阅读风尚

良好社会阅读风尚的塑造有利于学生在更广阔的社会环境中感受到阅读的价值，促使学生更积极地投入到整本书的阅读中。社会各界要共同努力，营造支持整本书阅读的社会氛围，激发学生对整本书阅读的热情。

政府方应增强对教育的支持，扩大教育预算的分配，进一步完善图书馆等基础文化设施。图书馆要为公众提供丰富的阅读资源和舒适的阅读环境，通过不断更新图书馆的藏书、改善借阅流程、扩展图书馆的开放时间等措施，确保每名学生都能方便地访问并使用这些资源。图书馆可以定期举办"整本书阅读推广月"或"深度阅读工作坊"等活动，通过读书沙龙、作家见面会、书评征文等形式吸引学生和家长参与到整本书的阅读中。图书馆还可以为不同年龄段的学生推荐适合的整本书书目，引导学生在多样化的书籍选择中找到适合自己阅读兴趣和能力的作品，使学生在公共文化场所中感受到阅读的魅力，激发他们进行深度阅读的动力。

二、加强教师与学校对整本书阅读教学的支持

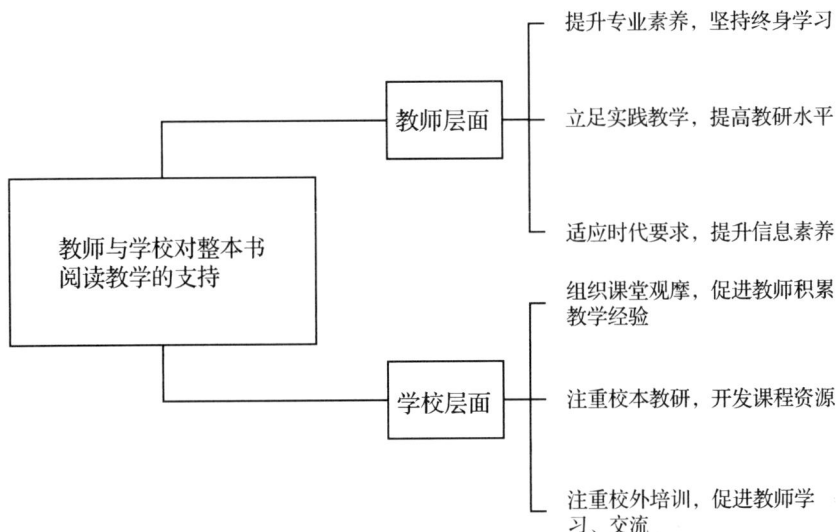

图 4-7　教师与学校对整本书阅读教学的支持

（一）教师层面

在整本书阅读教学的实施过程中，教师的角色是多维的，既是知识的传递者，也是学生深度阅读的引导者和激励者。随着教育理念的不断更新，教师需要不断提升自身的专业素养、教研能力以及信息素养，以适应现代教学的需求，推动整本书阅读教学的有效实施。

1. 提升专业素养，坚持终身学习

整本书阅读教学需要教师具备广博的知识面、深厚的文学素养以及较高的教育智慧，在专业上不断进步，坚持终身学习的理念，以适应日益复杂的教学需

求。整本书阅读教学往往涉及复杂的文学作品和思想体系，教师只有具备扎实的文学知识才能够引导学生深入理解作品的内涵。在这一过程中，教师需要通过广泛的阅读与研究来提升自己对不同类型文学作品的把握能力，拓宽自己的知识视野，增强文学素养，并在教学中提供更为深刻的文学分析与解读。教师还要注重教育理论与实践的结合，不断吸收新的教育理念与教学方法。这要求教师不仅要在文学知识上不断提升，还要在教育学、心理学等领域进行深入学习与研究，能够在整本书阅读教学中更好地结合学生的认知特点与情感需求，设计出更符合学生成长规律的教学方案。

2. 立足实践教学，提高教研水平

教师在进行整本书阅读教学前，应全面了解相关的教学理论和实践案例，通过学习并融合先进的教学方法来优化自己的教学策略。面对课程实施中出现的新问题，教师应以探索性的态度寻找解决方案，以提升教学的科研水平，应积极参与观摩示范课、学习优秀案例等教学研究活动，不断地充实自己的知识库和教学技巧。

3. 适应时代要求，提升信息素养

随着信息化教学的发展，教师要适应时代的需求，提升自己的信息素养。多元化的知识获取方式要求教师不断更新教育观念，拓宽知识领域，更好地满足学生的学习需求。利用网络资源、专业书籍和期刊来了解整本书阅读的最新动态是提高教学质量的有效途径。如教学《西游记》时，教师可以利用翻转课堂等现代教学理论设计富有挑战性的课堂活动，促进学生的深入思考和学习。

（二）学校层面

1. 组织课堂观摩，促进教师积累教学经验

学校应组织教师参与课堂观摩活动，促进教师学习和借鉴同事在整本书阅读教学中的有效方法和创新实践，鼓励教师间的知识分享和经验交流，形成积极的教学反思和持续的专业成长。观摩不限于传统的课堂教学，还包括学生互动、教学组织和教师行为的分析，通过这些活动，教师能够更好地理解教学内容的有效传达方式，学习如何在课堂上更有效地激发学生的阅读兴趣和参与度。整本书阅读教学涉及文本解读、阅读指导、思维训练、阅读讨论等环节，学校可以针对不同的教学环节组织专题性的观摩活动，帮助教师更加有针对性地提升某一方面的教学技能，更有针对性地帮助教师解决教学中的实际问题，提升他们的教学能力。

2. 注重校本教研，开发课程资源

在整本书阅读教学推广过程中，学校需要推动校本教研的发展，加强教研活

动的实施，如可以组织教师共同探讨教学中的问题与挑战，并结合校情与学情开发适合本校学生的课程资源，激发教师之间的教学交流与合作，为学校整本书阅读教学的创新与实践提供丰富的资源和思路。在整本书阅读教学中，教师可以通过校本教研活动，结合学生的实际情况，开发出适合本校学生的阅读教学资源。教师可以根据学生的阅读兴趣与能力编写适合不同年级的整本书阅读指南，设计多样化的阅读任务与讨论话题，为学生提供更加个性化和多样化的阅读体验，提升学校整本书阅读教学的整体水平。

3. 注重校外培训，促进教师学习、交流

通过组织教师参加国内外的学术会议和专业培训，教师能够接触到最新的教学理论和实践，了解最新的教学理念与方法，不断提升自己的教学能力和专业水平。这些培训提供了一个平台，让教师能够与其他教育工作者交流思想，更新观念，并将这些新知识和策略应用到自己的教学实践中。教师要多参与校外的教学研讨会、学术论坛等更为广泛的教学交流活动，了解其他学校在整本书阅读教学中的成功经验与创新做法，借鉴他们的教学模式与资源开发，获得更多的教学灵感，帮助他们在更大的教育环境中提升自己的专业水平。

三、精心设计教学过程，推动学生深入阅读

整本书阅读教学的过程是循序渐进的，涵盖了阅读前、阅读中和阅读后的各个环节。在每一个环节中，教师都需要精心设计教学策略，以推动学生深入阅读、理解作品，最终将阅读转化为思维与表达的实践，如图 4-8 所示。

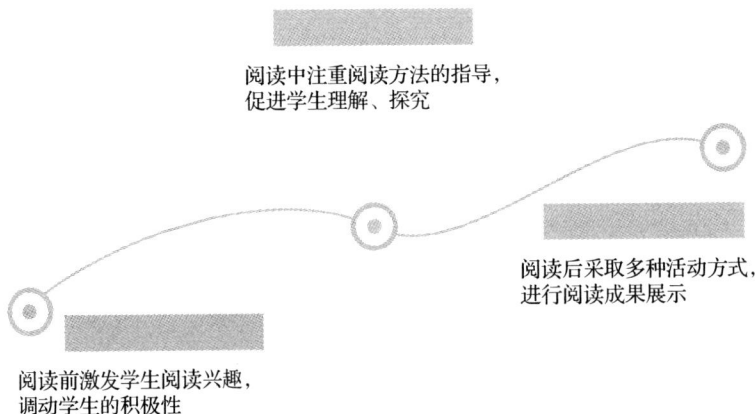

阅读中注重阅读方法的指导，促进学生理解、探究

阅读后采取多种活动方式，进行阅读成果展示

阅读前激发学生阅读兴趣，调动学生的积极性

图 4-8　精心设计教学过程，推进学生深入阅读

（一）阅读前激发学生阅读兴趣，调动学生的积极性

阅读前的准备阶段是整本书阅读教学的起点，教师在这一阶段的主要任务是激发学生的阅读兴趣，调动他们的阅读积极性。兴趣是最好的老师，学生一旦对即将阅读的整本书产生了浓厚的兴趣，他们在后续的阅读过程中将更加投入，阅读体验会更加深刻。因此，教师在阅读前需要采取五种策略来激发学生的好奇心与探究欲望，使他们主动参与到阅读中：①潜移默化法。通过在学校专设整本书阅读课程来营造浓厚的阅读文化氛围，使学生在情感上与阅读活动产生共鸣，认识到阅读的重要性，在无形中逐步适应并接受阅读。②榜样示范法。榜样示范法可以有效地激发学生的阅读热情，通过选取阅读兴趣浓厚和学习表现优异的学生作为班级阅读榜样，以他们的积极行为和阅读热情影响并激励其他学生，提升学生的自我期望，帮助他们形成积极向上的学习氛围。③以问促思法。在整本书的阅读过程中，教师通过设计一系列切合学生认知水平且能引起思考的问题，促使学生进行深入的思考和讨论，加深其对文本的理解，培养他们的创造性思维。④以听促读法。教师可以选择与教学内容相关的有声读物，让学生在课外时间通过听觉接触文学，使学生在轻松的环境中接触和理解复杂或长篇的文学作品，提高学生对文本内容的兴趣和理解。⑤影视鉴赏法。教师应尽量选择与教学内容相关的影视片段，并在课堂上进行播放和讨论，激发学生的阅读兴趣，帮助他们在视觉和情感上更深入地理解文本。

（二）阅读中注重阅读方法的指导，促进学生理解、探究

整本书阅读教学中精心设计的阅读策略能够增强学生的理解力，激发他们的探索欲望。通过多样化的阅读方法，学生可以从多角度深入文本，掌握更丰富的阅读技巧，并在此过程中增强自己的思考及表达能力：①批注式阅读法。通过在书本上直接做批注，学生能够记录下自己对文本的疑问、感受和洞察，这种互动增强了他们的阅读体验。这一方法有助于学生在阅读过程中保持高度的集中力，使他们能够更好地整合和应用新知识，更全面地理解人物和情节发展。②思维导图法。通过构建思维导图，学生可以将文本中的关键信息、人物关系、主要事件和主题等内容以图形的方式表达出来，加深他们对文本的理解，锻炼他们的创造和逻辑思维能力。③专题探究法。专题探究法鼓励学生针对人物分析、作者意图、文化背景等具体的主题或问题进行深入研究，促使学生在探索过程中发展自己的见解，从更宏观的视角理解作品内容。

（三）阅读后采取多种活动方式，进行阅读成果展示

这一阶段，教师需要通过设计多样化的活动方式帮助学生总结和展示他们的阅读成果。

1. 整本书读书报告会

读书报告会是一种有效的阅读交流活动，能够促使学生深入反思并表达自己对阅读材料的理解和感受。在此活动中，学生需要准备一个关于他们所读书籍的报告，分享他们的心得体会和理解，也可以通过提问和回答的方式与同学进行互动。这种活动能够帮助学生加深对书本的理解，锻炼他们的表达能力和思维能力。

2. 整本书笔记评选会

鼓励学生在阅读过程中制作详细的读书笔记，然后通过班级或学校层面的评选活动进行表彰。这样的评选能激励学生投入更多的热情在书本阅读上。而且，通过展示和分享优秀笔记，可以提高其他学生的阅读和笔记制作水平。例如，对于《钢铁是怎样炼成的》，教师可以引导学生记录下保尔·柯察金坚强不屈的精神和重要场景，进一步展示这些笔记让学生理解书中的深层意义。

3. 整本书阅读知识竞赛

通过组织知识竞赛来测试和巩固学生对整本书内容的理解及记忆，这种形式的活动能够加深学生对书籍详细内容的记忆；还可以通过比赛的形式增加阅读的趣味性。竞赛可以设计为问答、填空、简答等形式，书籍的人物、情节、主题、背景等方面也可以成为竞赛的题目，帮助学生复习并加深理解。

以《红星照耀中国》作品为例，阅读前的导读部分教师可以采取榜样示范法和影视鉴赏法：学生在完成预读后，教师通过布置档案卡任务，让学生将收集的《红星照耀中国》整本书相关信息整理成档案卡，组织学生评选出优秀作品进行展示并给予一定奖励，以促进学生的阅读积极性。另外，通过播放《红星照耀中国》相关的影视作品精彩片段，激发学生的好奇心，提高他们的阅读兴趣。阅读中的促读部分可以采取专题探究法，学生通过梳理文章的故事情节，了解作者创作意图，对人物形象进行详细分析，可帮助学生更好地理解文本内容。阅读后的展示部分，在对《红星照耀中国》整本书的内容有一定了解后，可以通过展示优秀读书笔记、举办整本书阅读报告会、相关知识竞赛等方式，激发学生的学习热情，引导他们对文本内容的深层思考。

第四节 群文阅读教学策略

群文阅读教学指通过一个主题选择一组文章，师生围绕这个主题展开的集体阅读活动。[①] 传统的阅读教学一般以单篇阅读为主，对一篇文章进行深入分析，但这种阅读方式不利于学生发散性思维的发展。而群文阅读恰恰弥补了这一点，作为一种新拓展的阅读方式，它能够开拓学生思维，引导学生创造新的观点。

一、发挥学校组织作用，提升教师专业能力

群文阅读作为一种新兴的阅读教学方法，在其发展过程中，学校是教学活动的主导者，学校能够发挥组织作用，为教师提供更多学习和成长的机会，帮助他们提升专业能力，促进其在实践中不断进步。

（一）举办群文阅读教学研讨活动

群文阅读能够引导学生通过比较、对比、分析等方法深入理解不同文本间的共性和差异，激发学生的阅读兴趣，提升他们的文本解读能力。为了更好地推进群文阅读教学的普及和应用，学校应采取多种措施来鼓励支持教师在这一领域的尝试和创新。如举办群文阅读教学设计大赛、课堂教学展评等活动激发教师的积极性，为教师提供展示创新设计的机会，并在全校范围内形成良好的教学示范效应，让这种阅读教学方法得到更广泛的应用。为满足不同教师的需求，教研活动的组织形式应多样化。学校可以根据教师的不同教学背景和专业需求而设计不同层次和主题的研讨活动。例如，组织初级教师开展基础群文阅读教学研讨，帮助刚开始接触这种教学方法的教师了解基本的教学流程和策略；组织高级教师进行深度群文阅读教学研讨，探讨如何在群文阅读中进行更复杂的文本解读和批判性思维训练。这种分层次的研讨活动能够更加有针对性地帮助教师提升他们的专业能力。

（二）开展群文阅读教学系列培训

转变教师的传统阅读教学观念，促使其向群文阅读教学方法转变是实现教学改革的关键，学校需要多开展系统的群文阅读教学培训活动，帮助教师从传统的单篇阅读教学模式过渡到更加开放和互动的群文阅读教学模式。培训要具有系统

---

① 马宗义.中学语文阅读教学与课堂教学改进策略研究［M］.长春：吉林人民出版社，2021.

性和持续性，让教师在较长时间内积累知识和技能，提升他们的教学能力，帮助他们在教学实践中不断改进群文阅读教学。

群文阅读教学系列培训通过线上和线下两种形式进行。线上培训利用网络资源使教师在时间和空间上获得更大的灵活性，方便与其他地区经验丰富的教师交流和学习；线下培训可以提供更直接的互动和实践机会。系列培训的内容应涵盖议题选择、多文本处理能力、课堂提问技巧等群文阅读教学的各个方面，以此全面提升教师的专业能力。

系列培训需要保持一定的持续性，学校可以通过阶段性培训课程帮助教师在不同阶段掌握群文阅读教学的不同技能。例如，第一阶段的培训重点介绍群文阅读的基本概念和教学设计，帮助教师掌握基础的教学方法；第二阶段的培训深入探讨群文阅读中的文本选择、任务设计和阅读策略，帮助教师提升教学的深度和广度；第三阶段的培训通过案例分析和教学反思，帮助教师总结他们的教学经验，并针对实际教学中的问题提出改进方案。通过分阶段的培训能够帮助教师逐步提升他们的教学能力，让他们在每个阶段的学习中不断巩固和深化所学内容。在培训过程中要注重教师的个性化发展需求，充分考虑每位教师在群文阅读教学中的不同需求和不同问题，为教师提供个性化的培训方案，帮助他们在群文阅读教学中有更加深入的专业发展。

二、发挥教师引导作用，增强学生的主体意识

群文阅读教学中，教师要起到引导者和促进者的作用，帮助学生建立主体意识，发挥他们在阅读过程中的主动性，如图4-9所示。

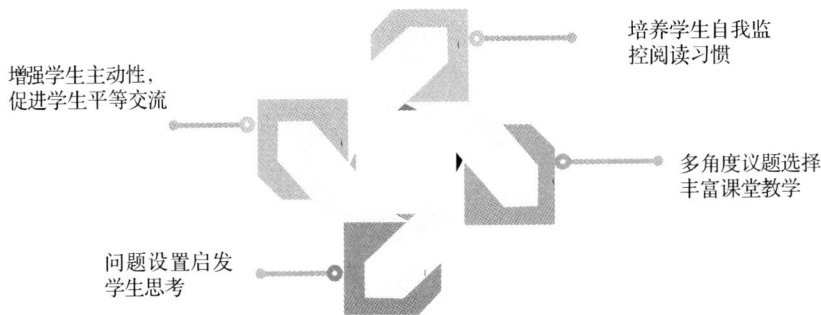

图4-9 发挥教师引导作用，激发学生的主体意识

培养学生自我监控阅读习惯

增强学生主动性，促进学生平等交流

多角度议题选择丰富课堂教学

问题设置启发学生思考

（一）增强学生主动性，促进学生平等交流

新课程标准强调学生是学习过程的中心，这一观点在群文阅读教学中得到了充分的体现。教师应创造条件，让学生在阅读过程中成为主动的探索者而非被动的听众，通过构建平等的师生关系、营造开放的阅读氛围，增强学生的主体意识和自主学习能力。

有效的群文阅读教学需要教师的精心准备，为学生提供充分的阅读和讨论时间。教师应在课前为学生安排充分的预习时间，确保他们有足够的机会自主阅读并准备课堂讨论。课堂上教师应鼓励学生发表个人见解，通过设置开放式的讨论题目促进学生之间的交流。这样的课堂不再是教师一言堂，而变成了学生可以自由表达、积极互动的学习平台。教师在这一过程中的角色更像是一个引导者和协调者，他们通过平等的交流促进学生间的思想碰撞，深化对阅读材料的理解。为了使课堂交流更加生动，教师可采用多种策略激发学生的参与意识。如通过小组讨论、角色扮演等策略，学生可以在更轻松的环境中表达自己的观点，减轻学生的发言压力，还能促进他们从不同角度思考问题，增强理解和记忆。教师要鼓励学生间平等交流，确保每位学生都有机会发言，以使所有学生都能感受到自己的声音被尊重和重视。

（二）问题设置启发学生思考

在群文阅读教学中，教师巧妙的问题设置能够极大地启发学生的思考，引导他们主动探索阅读材料，这对于培养学生的独立思维和提升课堂互动是至关重要的。有效的问题设置是群文阅读教学的核心环节，既是教学活动启动的触发器，也是维持学生学习热情和思考活力的关键。教师通过精心设计的问题去引导学生进入深度讨论，使他们在探究中找到学习的乐趣和挑战，对文本进行更深层的分析和解读。

问题的设计要符合课程主题，确保与学习目标的紧密相关。问题间要具有一定内在的逻辑联系，能够形成一个问题网，引导学生从不同角度和层面探讨文本，帮助学生系统地构建知识框架，促进信息的整合和应用。教师在提问时应注意问题的开放性，避免简单的是非题或填空题。开放性问题通常没有固定答案，更能鼓励学生展开思维，分享个人见解。开放性问题设置鼓励学生从多个维度思考问题，不只是为了寻找答案，更重要的是通过讨论和辩证来培养他们解决问题的能力。设计问题时还要注意难易适度，问题不宜过于简单或极端复杂，应根据学生的实际能力适当调整难度，使所有学生都能在讨论中找到切入点，并保持学

习的动力。教师还要根据学生的反馈，适时调整问题的深度和广度，确保每个学生都能在讨论中有所收获。

（三）培养学生自我监控阅读习惯

自我监控指学生在阅读过程中能够自我调节、自我反思、自我修正的能力。阅读监控能力与阅读理解水平密切相关，阅读水平越高，阅读监控能力越强。[①]良好的阅读监控能力能够帮助学生在阅读中主动掌控学习进度与理解深度，提升他们的阅读效果与学习能力。在这一过程中，教师要引导学生在阅读前设定明确的目标，阅读中对理解程度进行评估，阅读后要对所学内容进行反思，促使学生从被动接受信息转变为对知识的主动探索。在自我监控习惯养成过程中，可以利用在线阅读日志、互动阅读平台等现代技术工具，帮助学生记录和追踪自己的阅读活动，促进学生的自我监控，教师可以实现对学生阅读进度的有效监控和指导。

（四）多角度议题选择丰富课堂教学

议题的选择对群文阅读教学的质量和效果有着直接影响。正确的议题能够引领学生深入文本，激发他们的思考与兴趣，促进他们的主动阅读。以下是挑选议题的策略：

1. 以人文主题为核心的议题选择

中学生正处在形成个人思想和认知的关键时期，此时通过文学的力量来塑造他们的世界观是至关重要的。通过选择以人文主题为主的议题，教师能够引导学生在阅读中探讨人生、社会、道德、文化等深层次的问题，并通过阅读体验来激发学生的情感共鸣和思维提升。例如，在阅读反映个人成长的文学作品时，教师可以提出与"自我认知与成长"相关的议题，引导学生探讨主人公的心理变化和成长过程。通过这一议题，学生能够在阅读中反思自己的成长历程，思考人生中的选择与挑战，从而达到情感体验与思维提升的双重目的。

2. 结合时下热点话题的议题

结合时下热点话题的议题指选择能够让群文阅读教学更加贴近学生的现实生活，引发学生对现实问题的关注与讨论。热点话题往往是学生感兴趣的社会现象和事件，通过与热点话题的结合，教师能够有效地激发学生的阅读兴趣，引导他们在阅读中形成对当下问题的思考和理解。热点话题可以涉及当下的社会现象、科技发展、文化潮流等领域。环境保护、科技创新、互联网发展等问题是近年来

---

① 任培江，李亦男，许佳妮.群文阅读教学要养成学生自我监控的阅读习惯［J］.中学语文，2017（9）：72-75.

社会关注的焦点，这些话题与学生的生活息息相关，能够引发他们的强烈兴趣。教师可以选择与这些热点话题相关的议题，结合群文阅读中的相关文本，帮助学生理解当代社会的变化与挑战。例如，在阅读关于环境保护的群文时，教师可以设置议题"如何看待个人对环境保护的责任与义务"，让学生在文本阅读中思考全球气候变化问题的成因与影响，探讨个人行动在环境保护中的重要性，引导他们通过阅读形成对社会问题的理性思考与判断。

3. 议题的趣味性

议题的趣味性能够吸引学生的注意力，让阅读过程变得更加生动有趣，激发学生在阅读中的主动性。例如，通过"走进安徒生的童话世界"这一议题，结合《皇帝的新装》和其他安徒生的童话如《海的女儿》《幸运的贝儿》等，可以让学生在阅读中体验到文学的魅力和故事的深层意义，激发学生的想象力，帮助他们理解不同文化背景下的文学表达。

三、通过群文组合丰富群文阅读教学

在群文阅读教学实施过程中，文本的选择非常重要。教师要注重对文本材料数量和质量的把握，为学生提供丰富多彩的阅读体验，帮助他们在多篇文章的对比、分析中加深对文本的理解。关于群文阅读教学中文本选择的两个核心方面的详细阐述如图 4-10 所示。

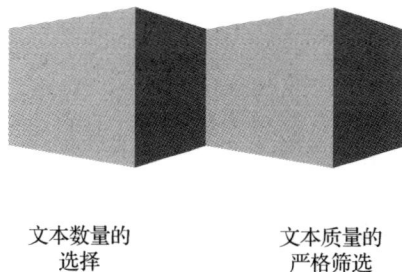

文本数量的　　　　　文本质量的
选择　　　　　　　严格筛选

图 4-10　通过群文组合丰富群文阅读教学

（一）文本数量的选择

群文阅读教学的核心在于通过多篇文本间的联系和对比，使学生从不同的角度深层次理解文本，而选择足够数量的文本是实现这一目标的前提。文本数量的多样性能够为学生提供丰富的阅读素材，帮助他们在不同的文本中发现相似或相异之处，更深入地理解主题和人物关系，使他们在阅读过程中能够进行多角度的对比和分析。还要注重文本题材的多样性，注意选取小说、诗歌、散文、新闻报道等不同类型的文本，帮助学生在不同体裁中感知语言的多样性和表达方式的差异，进而加深他们对语言艺术的理解和感受。

群文数量的选择也要注意适度，如果文本数量太多，学生可能会感到负担过重，难以深入各篇文章的核心思想；反之，如果文本数量太少，则难以覆盖广泛的知识点，导致学生接触的视角过于单一，无法达到开阔视野的教学目的。在教学设计中，教师需要把握文本数量的平衡，既要确保足够的文本让学生进行有效的对比和思考，又要避免文本过多导致学生难以深入理解，应该根据学生的阅读能力和课堂时间合理设置文本数量，确保学生能够在有限的时间内完成高质量的阅读和讨论。

（二）文本质量的严格筛选

在群文阅读教学中，高质量的文本能够紧扣中心议题，与课程标准紧密相关，为学生提供丰富的语言、思想体验。优质的文本不仅包括经典名著和高质量的现代作品，也应包括能够引发学生思考的当代文章，尤其那些能够反映当前社会问题和青少年关心话题的作品。选择群文时，教师应考虑到文章能否激发学生的学习兴趣、是否与他们的生活实际相连、能否促进他们的道德和情感发展等方面，还要考虑到学生的年龄和认知水平，选择适合他们当前学习阶段的文本，避免过于深奥或简单的材料，确保每位学生都能从阅读中获得成长和启发。

群文阅读的核心在于通过多篇文本的对比和联系，帮助学生从不同的角度和层面理解主题。因此，教师需要选择那些在主题、风格或体裁上具有内在联系的文本，帮助学生在阅读过程中发现文本间的共性与差异。例如，教师可以选择几篇围绕同一历史事件的不同角度的报道或围绕同一人物的不同版本的故事，引导学生在比较中加深对文本的理解。

第五章 梳理与探究

第一节 在教学中情感教育的渗透

在初中语文教学中，情感教育既是知识传授的辅助环节，也是引导学生全面发展的关键要素。情感教育的渗透有助于培养学生健全的人格、丰富的情感世界以及积极的人生态度。教师在教学中应有意识地将情感教育融入课堂，通过激发学生的情感共鸣，培养他们的同理心和审美能力，促进学生身心的全面发展。

一、创设情感教育的环境

环境对初中生的成长具有潜移默化的作用，在初中语文情感教育推进过程中，创设有效的教育环境至关重要，包括构建和谐的师生关系、完善家校社情感教育合作、提升教师自身的情感素养等方面，如图 5-1 所示。

理解、尊重学生

完善家校社情感教育合作

提升教师的情感素养

图 5-1 创设情感教育的环境

（一）理解、尊重学生

和谐的师生关系能够为学生营造一个安全的学习环境，使学生感受到被理解、被尊重，通过深入了解学生的心理特征及需求，教师能更好地在学业和情感上支持学生，建立起相互信任的关系。

　　每个学生在情感、性格和学习风格上都有其独特之处，教师在与学生的互动中应充分尊重个体差异，避免将所有学生纳入同一标准或期待中。教师通过关注学生的个性特点能够了解他们的情感需求，以便在教学过程中提供针对性的情感支持。面对内向的学生，教师可以采取更加温和的沟通方式，逐步引导他们在课堂中表达自己的想法；对于外向活跃的学生，教师可以通过鼓励性语言进一步激发他们的参与热情。通过尊重个体差异，教师能够在与学生的互动中建立信任关系，促进学生的情感发展。在课堂教学中，教师的情感表达通常通过积极的反馈、温暖的眼神、关心的语言等方式呈现，这些细微的情感表达能够让学生感受到教师对他们的关心和关注，进而激发他们对学习的积极态度和情感共鸣。当学生感受到来自教师的情感支持时，他们会更加愿意与教师进行情感互动，并在学习过程中表现出更高的参与度和责任感。

（二）完善家校社情感教育合作

　　情感教育需要家庭、学校、社会的共同参与和合作。家长是孩子成长过程中的重要情感支持者，教师在情感教育中应积极与家长沟通和合作，形成共同的教育理念和教育目标。通过家校合作，教师能够了解学生在家庭中的情感状况，并根据这些信息调整自己的情感教育策略。家长通过与教师的沟通，了解孩子在学校中的情感发展情况，进一步加强他们在家庭中的情感支持。社会环境为学生提供了丰富的情感体验和实践机会，教师应积极利用社会资源，帮助学生在社会情境中进行情感学习。例如，学校可以与社区合作，组织学生参加社区服务、志愿活动等，帮助他们在与他人的互动中学会关心、理解和帮助他人，使学生在真实的社会情境中体验到不同的情感关系，培养他们的社会责任感和情感能力。

（三）提升教师的情感素养

　　教师在理解和感受课文内容时，应深入其人文价值和精神内涵。教师对教材的情感共鸣将直接影响学生的情感体验。例如，当教师能够将自己的真实感受融入教学时，文本的教学会更加生动，也能激发学生的情感共鸣。如此，语文课堂会成为一个充满感染力的学习场所，教师的情感表达和学生的情感体验在相互作用中不断深化。这种情感教育的实施，使课堂超越了传统的知识传递功能，成为一个情感共鸣的场所，教师和学生通过文字建立起密切的联系，能够真正达到培养学生健全人格的目的，促进他们在情感和知识上获得全面发展。

二、尊重学生情感体验的主体性

初中阶段的学生正处于生理和心理发展的关键时期，他们的情感体验丰富且多样。初中语文教学中，教师在关注学业发展的同时，要多关注他们的情感需求和体验，尊重其情感体验的主体性，更好支持学生的全面发展，如图 5-2 所示。

图 5-2　尊重学生情感体验的主体性

（一）激发学生情感体验的动机

动机是激发和维持个体进行互动，并导致该活动朝向某一目标的心理倾向或动力。[①] 在初中语文教学中，通过激发学生情感体验的动机，能够引导学生主动参与到情感活动中，积极体验和表达自己的情感，促进他们情感和心理健康的发展。相较于逻辑思维的直观和可测量，情感体验更为隐蔽且难以捉摸，因此，如何激发学生的体验动机非常关键，教师在此过程中要起到引导作用。教师需要采取策略尽可能地激发学生的情感体验动机，使其能够在教学活动中自然地、从内心深处体验和反应，深化他们对文本内容的理解和感受。

（二）尊重学生的生理需求

初中生正处于青春期，他们的生理变化显著，情感体验往往与生理需求紧密相关。教师在设计和实施情感教育时必须充分考虑到学生的生理需求，确保他们的情感体验在身体健康和心理发展的基础上得以顺利进行。在语文教学中文本能够丰富学生的知识体系，由于经常触及关于人生意义、爱情、亲情、友情、自我认同等多元复杂的主题，刚好与青少年的心理发展阶段相契合。青春期的激素变化导致学生

---

① 黄希庭.心理学导论［M］.北京：人民教育出版社，1991.

情绪波动较大，容易出现情绪的起伏和不稳定性。教师在教学过程中要多关注学生的情况，理解他们在这一时期可能面临的情绪挑战。通过关注学生的生理需求，教师能够在情感教育中更加有效地支持学生的情感发展，通过安排适当的活动节奏、合理的休息时间等帮助学生在学习过程中缓解生理压力，保持情感的平衡与稳定，使学生在身体和心理上得到充分的休息，促进他们在情感上的平衡发展。

（三）保障学生的情感体验时间

情感教育需要深度和时间来沉淀，这一点在传统课堂模式中往往被忽视。教师在设计课程时必须预留充足的时间，让学生有机会独立地体验和感受文本，这是课堂教学中极为重要的一部分"留白"，体现的是一种高级的教学艺术。

老师在课堂设计时要为学生安排适当的情感体验时间，确保他们在学习语文知识的同时，能够有机会进行情感的表达和体验。例如，在阅读教学中，教师可以设置情感共鸣的环节，引导学生分享他们对作品中的情感体验，并进行相应的情感表达和反思，帮助学生在紧张的学习中找到情感宣泄的途径，释放他们的情感压力，保持情感上的健康发展。教师应多组织班级情感交流会、团队合作活动等课外情感体验活动，帮助学生在课外环境中进行情感体验和表达，以促进他们人际关系和社会交往能力的发展，提升他们的情感素养和社会适应能力。

（四）尊重学生的个性化情感体验

初中生的情感体验具有高度的个性化特征，每个学生的情感表达方式和情感需求都存在差异，尊重学生的个性化情感体验是确保情感教育有效性的关键。教师在课程设计和实施过程中要充分认识到学生情感体验方面存在的差异，意识到学生的情感体验没有绝对的对错，重要的是体验的真实性和个性化，从而为他们提供个性化的情感引导和支持，帮助他们在情感体验中获得个性化的发展。每个学生在情感上都有其独特的需求和表达方式，教师应通过细致的观察和沟通去了解每个学生的情感特点，并根据他们的情感需求提供针对性的支持。例如，有些学生可能在情感表达上较为内向，他们需要更多的时间和空间来表达自己的情感；有些学生在情感表达上较为外向，他们可能需要更多的互动机会来展示自己的情感。教师在教学过程中可以根据这些个体差异设计不同的情感体验活动，帮助他们在情感表达中获得自我满足和心理成长。

三、合理进行教学设计

教学设计是语文教育实践的核心部分，合理的教学设计需要考虑情感的融入和渗透，通过深挖文本的情感因素、精选文本的情感切入口将情感教育融入学科教学中，帮助学生在学习过程中形成深刻的情感体验，如图5-3所示。

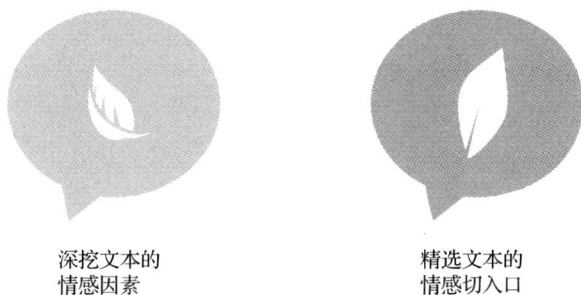

深挖文本的　　　　　　　　　精选文本的
情感因素　　　　　　　　　　情感切入口

图5-3　合理进行教学设计

（一）深挖文本的情感因素

在语文教学中，情感的有效推进依赖于教师对文本的深度解读，文本中包含了丰富的情感因素，这些情感因素能够帮助学生加深对作品内容的理解，触发他们内心深处的情感共鸣。在教学设计中，教师需要对所选文本进行深度挖掘，发现其中蕴含的情感因素，并通过教学活动将这些情感因素传达给学生。例如，在处理具有丰富象征意义的文本时，教师应超越字面意义，探索文本深层的寓意和象征。以《愚公移山》为例，教师的解读不应停留在描述愚公移山的故事上，而应该深入探讨其背后的不屈不挠的民族精神，并联系到中华民族的历史进程，增强其民族认同感和自豪感。

（二）精选文本的情感切入口

情感切入口是教师教学中引导学生进入文本情感世界的通道，合理的情感切入口能够帮助学生更好理解和体验文本中的情感内涵，让学生在阅读过程中自然而然地与文本建立情感联系，体验作者的情感深度。确定这些切入点时，教师需要从文本的特性和学生的实际情况出发。

从文本特性方面看，不同的文本具有不同的情感主题和情感氛围，教师在设计教学时，需要根据文本的情感特点选择最适合的切入口。情感切入口的选择应该与文本的核心情感内容紧密结合，确保学生能够通过这一切入口进入文本的情感世界，感受作品中的情感波动与张力。例如，《背影》中反复描绘的父亲背影是作者对父爱的怀念，也是其情感表达的核心，是教学中不可忽视的切入点。

情感切入口的选择还要结合学生的实际情况进行选择，不同的学生在情感体验和情感表达方面的能力有所差别，教师在情感教育中，要根据学生的情感发展水平和个性特点选择适合他们的情感切入口。例如，在《湖心亭看雪》教学中，对不同年级的学生可以采用不同的情感切入点，这样做能更好地符合学生的认知和心理发展水平。高年级学生已具备较强的抽象思维能力，因此可以选择文中的"痴"字作为切入点，这个字不仅能概括作者的心境，还蕴含了作者的人格和情感深度，适合用来引导学生探讨更深层的情感和人格特质。对于年龄较小的学生来说，他们的思维更倾向于具体和直观，因此直接从"痴"字入手可能不太合适。在这种情况下，可以从课文中的具体情景如时间和环境切入，让学生通过理解古代的时间单位"更"来接触文本。通过具体情境让学生体会到作者为何要冒雪独往湖心亭，引出作者独特的精神世界和情感。

四、运用灵活多样的教学策略

在情感教育中，灵活多样的教学方法有助于营造开放、生动的课堂氛围，引导学生深入体验和表达情感，角色扮演和给予学生话语权是两种主要的教学策略，如图5-4所示。

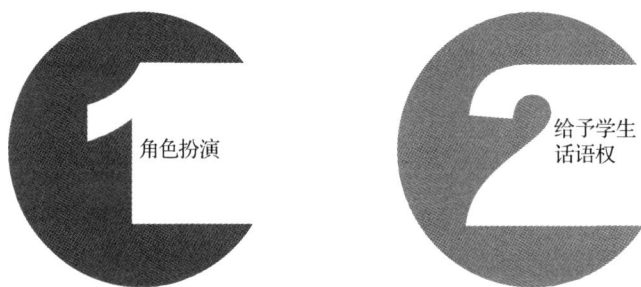

角色扮演

给予学生
话语权

图5-4 运用灵活多样的教学策略

（一）角色扮演

在初中语文教学中运用角色扮演的教学策略能够激发学生的语文学习兴趣，深化他们对文本中人物的理解和情感的体验，通过让学生亲身体验不同的角色，让他们在实际操作中感受语文的魅力，激发学习的热情。例如，在讲解《我的叔叔于勒》这篇课文时，教师可以引导学生扮演课文中的母亲、父亲、船长等各种角色，让学生更全面地从不同角度理解人物的情感和行为，通过模拟不同人物的语言和行为，更直观地理解这些人物的心理动机和情感状态，这种理解是单纯阅读或听讲所难以达到的。学生通过角色扮演能够理解每个人物的独特个性和背后的情感动机，在提高了他们的阅读理解能力的同时，也促进了他们情感方面的共鸣。教师通过巧妙引导和课堂设计能够使课堂教学既富有感染力又充满活力，有效地支持了情感教育的目标实现，使学生在情感上获得了丰富的体验。

（二）给予学生话语权

在语文课堂上给予学生充分的话语权是激发其主动性和个性化思考的关键，通过这种方法，学生能够勇敢地表达自己的观点，更深入地探讨和表述对文本的理解，加深他们对文学作品的感知和情感体验。在传统的教学模式中，教师往往扮演着知识的传递者和课堂的主导者，学生则处于相对被动的地位。在情感教育中，学生的情感体验和表达具有高度的个性化特征，教师需要赋予学生更多的话语权，让他们在情感表达中展现自己的个性和独特的情感体验，帮助他们在情感教育中找到自我表达的空间和平台，让他们能够更加自由地表达自己的情感需求和感受。

以朱自清的《春》教学为例，教师可以邀请学生分享他们对春天的感受，提供充足的准备时间以收集和整理与春天相关的材料。学生可以引用杜甫的"国破山河在，城春草木深""好雨知时节，当春乃发生"，韩愈的"天街小雨润如酥，草色遥看近却无"等不同的诗句表达对春天的感受，激发课堂上的情感交流。教师可以引导学生通过对比不同诗人对春天的描述、独特的视角和情感色彩，分析差异背后的文化、历史、个人经历等对诗人的感知和表达的影响。通过这样的教学设计，学生能够学习到如何表达自己的思想和学习倾听他人的观点，更全面地理解和欣赏文学的多样性及深度。教师在这一过程中是协调者和启发者的角色，他们通过提出开放性的问题来激发学生的思维，并帮助他们在情感上与文本建立更深的联系。

第二节 课后作业的设计

2022年颁布的新课程标准从以往的目标本位转变为素养本位，课后作业是转变的重要一环，我们要认识到语文课后作业的重要性，了解它在巩固基础、发展素养上的作用。科学合理的课后作业设计能够激发学生的学习兴趣，促进自主学习和探究精神的养成，通过多样化的作业形式，教师可以帮助学生在不同情境中应用知识，拓展思维深度，提升综合素养。

一、以学生为根本进行设计

课后作业是课堂教学的重要延伸，通过课后作业，学生能够在自主学习中加深对知识的理解、巩固课堂所学内容，并在实践中应用所学知识。课后作业的设计要符合学生的学习需求和个性特点，充分考虑学生的差异性和参与度，如图 5-5 所示。

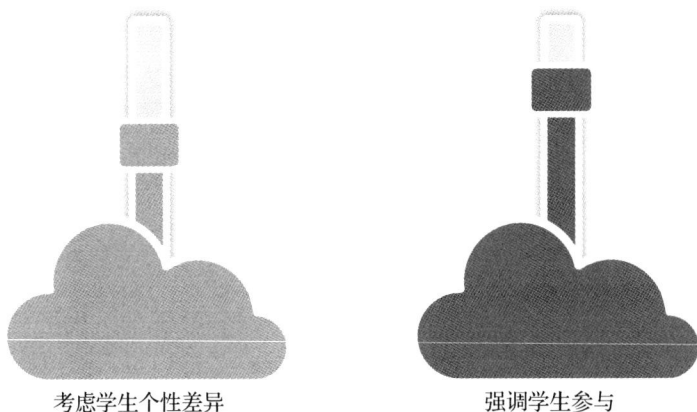

考虑学生个性差异　　　　　　　　强调学生参与

图 5-5　以学生为根本进行设计

（一）考虑学生个性差异

学生个性差异体现在学习能力、兴趣爱好、背景知识、学习方式等方面，设计课后作业时，教师要考虑学生的个性差异，确保每个学生都能够从课后作业中受益，使学生在自主学习中找到自己的节奏。

教师在备课时，除准备教学内容和教材外，还要对学生的学习动态、心理需求等方面的详细情况进行了解。在这些信息基础上，根据学生的实际情况设计除必做的基础题和可选的拓展题等个性化的作业，使所有学生都能根据自己的能力和兴趣进行选择。例如，在教学《孟子》一文时，教师可以将背诵文本设置为所有学生的必做任务，以加强学生对古文的理解和语感，通过反复阅读帮助他们深入理解文本的内容和意义。对于能力较强或对课文有更深兴趣的学生，教师可以提供探究文本的深层意义、仿写文本中的句式等更具挑战性的选做任务，以便更好地满足不同层次学生的学习需求。通过这种分层次的作业设计，能够有效减轻学生的学习压力，将作业转变为一个促进学生个性化发展的工具。这种方法强调学生的主体性和积极参与，不是把课后作业当作完成任务的负担，而是使学生能在完成作业的过程中感受到成就感和学习的乐趣，充分激发学生的学习兴趣，发掘他们的潜能。

（二）强调学生参与

初中语文课后作业的设计要强调学生的主动参与，促进他们在此过程中的深度思考和创造性实践。新课程标准提倡通过情境性教学来引发学生的学习兴趣，这为课后作业的设计提供了有益的启示。教师在课后作业中要多设计一些让学生在课后自由展示和探索的任务。这些任务应具有明确的教学目的，旨在发展学生的核心素养，关注学生兴趣、能力、个性的培养和全面发展。教师在设计课后作业时要对学生的学习能力、兴趣爱好、个性特长等实际情况进行深入了解，以便制订具有个性化作业计划。

学生参与作业设计的过程本身是一种重要的教育实践，教师可以在课堂结束前邀请学生提出自己对即将布置作业的看法和建议。这种互动能够增加学生的参与感和满足感，使他们感受到自己在学习过程中的价值和重要性。

二、设置以语文学科为中心的多学科整合的作业

《义务教育语文课程标准（2022 年版）》提出：要注意语文学科与其他学科的关联，增强跨学科整合课程资源的意识和能力。[①]语文学科在初中教育中具有独特的综合性质，其内容跨度广泛，涵盖自然科学到人文社科的各个方面，是学好其他学科课程的基础。因此，将语文与其他学科整合是提升教学效果的重要手段，教师在设计语文课后作业时应着重考虑如何将语文作为核心并融入其他学科的知识，以丰富学生的学习体验并增强其综合能力。

教师在设计作业时要充分利用语文学科的广阔性，将其与历史、地理、艺术等相关学科紧密结合。例如，语文与历史知识结合方面，通过探索如曹操、王安石、辛弃疾等历史人物的文学作品和历史影响，教师可以设计相关作业，使学生在学习语文的同时深入理解这些人物在历史上的角色及其文学作品背后的深层意义。通过这种方法帮助学生构建一个更加立体的知识框架，将枯燥的历史事实转化为生动的文学和历史学习体验。语文与地理的知识结合方面，如在阅读《桃花源记》等描述地理景观的文学作品时，可以运用地理知识来加深对作品的理解，

---

① 中华人民共和国教育部.义务教育语文课程标准（2022 年版）［M］.北京：北京师范大学出版社，2022.

提升了学生的空间感和想象力，使他们能够在更广阔的空间感知中欣赏文学的美。将音乐、美术等艺术学科融入语文教学，能够增强对诗歌和散文的理解和感受，也是一种有效的跨学科教学方法，使学生在语文学习中体验到美的感受，还能在美术和音乐的辅助下增进对文本的情感共鸣，提高审美和创造力。

以语文为核心的跨学科作业设计能够有效地帮助学生将不同学科的知识进行整合，提升他们的综合理解能力，促进学生的认知发展，帮助他们从多角度和多维度思考问题，提高思维的灵活性和创新能力。这种作业设计还有助于学生将所学知识转化为实际生活中的应用能力，真正实现素质教育的目标。

三、以课标为导向，发展学生核心素养

《义务教育语文课程标准（2022年版）》强调了培养学生的核心素养，这直接影响到初中语文的课后作业设计，要求教师在作业设计上摒弃刷题和应试教育模式，转向更注重质量而非数量的教育方法，培养学生的自主学习能力、创新思维、社会责任感等多方面的综合素质。这种设计思路要求作业既有实践性和创造性又要具备趣味性和开放性，以激发学生的学习兴趣和主动性，帮助学生减轻学习压力，促进其全面发展。

教师在设计课后作业时需要考虑到作业的多样化和个性化，避免一成不变的纸笔作业。应多利用项目研究、社区服务等有效的学习方式。教师可以邀请学生参与到作业设计的过程中来，通过讨论和反馈来共同确定作业内容和形式，这样能够提高学生的参与感，使作业更加贴合学生的实际需求。在具体实施过程中，教师应结合使用多媒体和其他教学工具将教学内容和作业设计紧密结合，使学生在完成作业的同时，能够在语文学习中获得更广泛的知识，提升自己的文学素养和跨学科能力。课后作业的目标不是单纯为了完成学习任务，而是学生自我发展的平台，使学生从简单的知识接受者转变为具备复杂思维和实践能力的主体，实现从知识的积累到能力的转变，充分发挥语文教育在全面提升学生个人素质中的核心作用。

四、以评价为引擎，注入反馈活力

评价既是对学生作业完成情况的总结，也是激发学生动力、改进学习方式、提升学习交往的重要工具，教师应该采取以激励为主的策略来激发学生的自信心和上进心，使他们在评价过程中获得及时的鼓励和改进意见，不断优化自己的学习表现。

课后作业的设计往往围绕一定的学习目标展开，而评价是对这些目标的检验和反思。在评价过程中，教师可以通过对作业的批改与反馈，帮助学生发现学习中的优势与不足，明确今后的学习方向。例如，教师在批改作文时需要在学生的写作内容、语言表达、逻辑结构等方面给予具体评价，并通过详细的评语指出学生可以改进的地方，帮助学生认识到自己的写作水平，为他们的写作能力提升提供清晰的方向和指导。教师要对学生的努力给出及时而有针对性的评价，给予肯定和鼓励，激发他们对学习的兴趣与信心，以不断提升他们的学习能力和效果。

课后作业评价要多样化，除传统的方式外，还可以采取口头评价、小组讨论、自我评估等形式，为学生的学习注入更多的活力。口头评价能够使教师更加灵活地与学生进行互动和沟通，及时了解学生的学习情况，并根据学生的表现给予个性化的建议与支持；小组讨论的形式使学生在合作学习中相互评价与反馈，提升了团队合作能力与批判性思维；自我评估的形式使学生能够在反思中自主认识自己的学习进展与改进方向，有利于培养他们的自我管理能力与自主学习能力。在整个评价过程中，教师应遵循全面、精准、深入的评价原则。全面地观察学生的表现，避免因为单一的错误而影响对学生整体评价的公正性；精准地指出问题所在，并提供具体、简洁的反馈，帮助学生明确改进的方向；深入地分析学生的错误并及时调整教学策略，以促进学生的全面发展。

五、突出知识、技能的实际运用

语文学科的学习不能局限于对课堂知识的掌握，而应该通过课后作业的设计将课堂知识与实际生活紧密联系起来，以加强学生在生活中对语文知识的应用能力，提升他们的综合素质和社会责任感。具体来说，要做到以下两点，如图 5-6 所示。

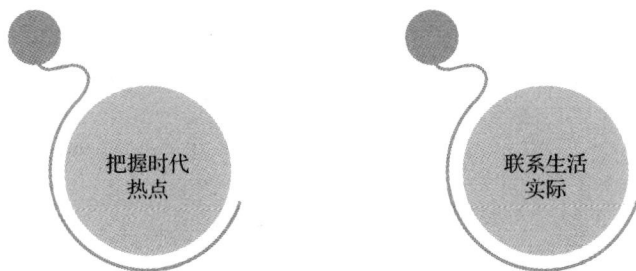

把握时代
热点

联系生活
实际

图 5-6 突出知识、技能的实际应用

（一）把握时代热点

在语文教学的现代化进程中，教师需要密切关注时代发展，捕捉时代热点，并将其有效地融入课后作业的设计中，以满足《义务教育语文课程标准（2022 年版）》中关于课程内容时代性和典范性的要求。结合时代热点的作业设计能够提升作业的实用性和生动性，体现知识的实际应用价值，有利于增强学生的情感共鸣和社会责任感。例如，在部编版七年级下册的"家国情怀"主题单元，教师可以设计课后作业，让学生探索与爱国主题相关的现代名人事例、影视作品、音乐和舞蹈等，巧妙地融合学科知识和实际生活，让学生在轻松愉悦的环境中体验爱国情感的培养。

时代热点是学生接触社会、了解世界的重要入口，教师通过将这些热点问题引入作业设计，能够帮助学生在语文学习中拓宽视野，激发他们对社会问题的关注与思考。例如，教师可以设计一个以"人工智能对社会的影响"为主题的作文作业，要求学生结合当前科技发展的现状，探讨人工智能技术在各个领域中的应用及其对社会的深远影响，以培养他们的创新思维与社会洞察力。要引导学生时刻关注国家大事和热点事件，从中汲取精神力量，体会深刻的爱国主义情怀，培养学生的社会责任感和公民意识。

（二）联系生活实际

语文学科的学习应与学生的生活实际紧密结合，教师在作业设计中要充分利用丰富的语文资源，鼓励学生把视野拓展到课堂之外，将生活实践作为教育的延伸。这意味着学生在语文学习时能够将所学知识应用到真实的生活场景中，强化语文的实践能力培养。

作业设计应源自生活，最终服务于生活，这样才能真正地培养学生将语文知识运用到实际中的能力，形成一种高效的"学—做"循环体系，即学生学习后立即应用所学知识进行相关实践活动，在实际操作中巩固和深化理解，更好地链接课堂学习与日常生活。这样的课后作业设计能够提升学生的学习兴趣和动机，提高他们的综合实践能力，使他们能在未来的学习和生活中更加自信地应用语文知识，实现从课本到生活的无缝对接，达到培养具备实际操作能力和高度社会适应能力全面发展的根本目的。

第三节　学生自主学习能力的培养

自主学习能力指学生通过独立分析、探索、实践、质疑、创造等方法实现学习目标的才能，又称自学能力。① 自主学习能力是学生获取知识的重要途径，也是他们未来所需要具备的核心能力。初中语文教学中教师需要从多方面入手培养学生的自主学习能力，如图 5-7 所示。

图 5-7 学生自主学习能力的培养

一、通过问题激发学生自主学习的动力

学生的学习动力主要来源于兴趣，而问题是激发兴趣的重要工具。恰当而富有挑战性的问题能够激发学生的好奇心和探究欲，吸引他们主动参与到学习过程中，能自主思考和探索解决问题的途径，在解决问题的过程中形成自主学习的能力。

语文作为基础的语言学科，要求教师在教学中创设适合学生的问题情境，改变学生被动接受知识的状态，多关注那些能够激发学生投入、主动思考并促进合作的问题。这要求教师深入理解教材的教学目标，清楚了解教学中的难点与重点，能根据学生的兴趣创新教学内容并清晰定义每堂课的学习任务，引导学生积极参与学习过程，激发其学习动力。教师还可以通过问题的设计，引导学生进行跨学科的探究，促使学生将不同学科的知识联系起来，形成综合性思维能力。例如，在授课《苏州园林》的特定段落时，教师可以用文中"隔而不隔，界而未界"这样的描述来设计问题，探讨这种艺术效果的形成方式。这样的问题简洁、明了，

---

① 崔勇，张文龙，刘涛.高品质学校建设理论之思［M］.成都：四川教育出版社，2021.

而且紧扣文本内容，使学生可以通过阅读直接找到答案，增强他们的学习动力。同时，教师可以进一步提出一个问题：园林中使用镜子是基于哪种物理原理？这个问题将学生的思考引向更深层次，促使他们利用已学的物理知识来解答，实现了语文与物理的知识融合，达到跨学科教学的目的。学生了解到镜子的使用基于平面镜成像的物理原理，通过反射增强了园林的层次感和美观。通过这样循序渐进的问题设计，学生能够逐渐深入地阅读和理解文本，激发他们解决问题的兴趣和能力，在自主学习中不断拓宽知识视野，提升他们的语文综合应用能力。

二、给予学生充足的自主学习时间

自主学习能力的培养需要教师给予学生足够的自主学习时间进行思考和探索，要相信学生具备自主学习的能力，应学会适当放手，让学生在学习中逐渐养成自主学习的习惯。教师应将学习的主动权交给学生，让他们成为课堂的主人和主角是培养学生自主学习能力的关键，这有助于学生在实践中锻炼和形成自主学习的能力。

教师需要从根本上改变观念，学会信任学生的学习能力，将学习的主动权交给学生，教师的角色应转变为倾听者和引导者，聆听学生的感受并对其见解给予积极的反馈，帮助学生建立起阅读和学习的自信。通过这种方法，学生能够在教师的引导下开展自主探索和学习，逐渐形成能够独立解决问题和承担学习任务的能力，促进了学生在知识探索过程中的积极参与和内在动力的激发，是真正实现学生自主学习能力培养的有效途径。学生在自主学习的过程中经常会遇到困难与挑战，教师在这个过程中要适时引导学生进行自我监控，帮助他们识别学习中的问题，并通过自主调整学习策略来解决问题。这种自我监控与调节能力的培养能够帮助学生在未来的学习中更加高效地进行自主学习，提升他们的学习效果与成绩。

三、创设合作氛围，引发学生自主探究

在学生自主学习能力培养过程中，通过合作学习学生能够在与同伴的互动中共同探讨问题、分享学习成果，并在合作中提升自主探究能力与团队合作能力，在合作中学会自主思考与解决问题。教师通过设计小组活动学习任务创设积极的课堂氛围，组织学生参与进来，让他们在互帮互助中深入理解知识。举例来说，学习《孔乙己》这篇文章时，教师可以在课前安排学生进行小组合作，

每组由几名学生组成，分别承担不同的任务。一部分学生负责收集关于作者鲁迅的背景信息，一部分学生负责分析文本创作的历史背景，一部分学生可以分析文本结构或深入人物特征等方面。这充分利用了学生已有的信息收集能力，在小组合作的框架下指导他们自主完成任务，有效地促进学生自主学习能力的提升。

合作学习能够通过同伴之间的互助与激励，帮助学生在自主探究中获得更多的支持与动力，激发学生的自主探究欲望，增强了他们的学习动力，帮助他们在合作中学会自主思考与解决问题。

四、划分学习层次，促进学生自主学习习惯的养成

学校教育中因材施教是培养学生自主学习能力的关键策略。教师需识别学生的不同学习层次，提供适宜的自主学习机会，进而促进学生自主学习习惯的形成。每位学生的语文基础和学习能力均不相同，这形成了课堂内的层次性，教师需要了解每个学生的性格、兴趣和学习特长，在此基础上科学地对学生进行分类，并为他们制订个性化的学习计划。教师可以建立一个电子学生档案系统，通过互联网技术收集和分析学生的学习数据，为每位学生定制具体的学习发展策略，指导学生培养自主学习的习惯。

教师可以通过设计不同难度的基础性任务和拓展性任务，让学生根据自己的学习能力选择适合自己的任务。基础性任务适用于基础较弱的学生，帮助他们巩固基础知识，而拓展性任务适用于学习能力较强的学生，帮助他们进行更加深入的探究与思考。这种分层次的学习任务设计能够帮助学生在适应任务难度的过程中逐渐形成自主学习的习惯，并通过不断挑战自己而提升学习效果，最终形成一种积极主动的学习态度，为未来的学习和生活奠定坚实基础。

五、注重创新和质疑，使学生掌握自主学习的方法

在不同教育领域中，创新始终是推动学生自主学习能力发展的关键驱动力。尤其对于语文学科来说，它承载着丰富的文化内涵，并且与我们的时代发展紧密联系。初中语文教师的任务艰巨，除传授给学生知识，更重要的是培养学生的自主学习能力，确保学生能够在充满挑战的学习环境中积极主动思考和探索。课堂上要多鼓励学生提出问题，保持对新事物的好奇心和对问题深入探究的精神，深化对语文知识的理解，并逐步培养其创新精神与独立解决问题的能力。

质疑性思维是自主学习中不可或缺的思维方式，学生在自主学习中应学会对所学知识进行质疑与反思。教师要引导学生多提问、多质疑，让他们在质疑中进行自主探究与思考，并通过自主学习去寻找问题的答案。这种质疑性思维的培养，能够帮助学生在自主学习中不断挑战已有的知识体系与思维模式，提升他们的自主学习能力与创新思维能力。

第六章　初中语文教学评价

第一节　初中语文课程评价改革

课程评价是课程实施的重点也是起点，它对课程的开展、进展、发展方向等方面具有重要影响。具体到初中语文学科来说，课程评价关系到语文学科能够科学发展、现代人才培养等问题，在当前教育改革背景下对其进行改革是非常必要的。

一、初中语文课程评价改革的目的

课程评价的改革是对评价方法和手段的调整，更是对教育理念的深刻反思与再定位。通过科学、合理的评价改革，旨在促进学生全面发展、推动教师专业成长以及优化语文教学的整体效果，如图6-1所示。

促进学生全面发展

推动教师专业成长

优化语文教学效果

图6-1　初中语文课程评价改革的目的

（一）促进学生全面发展

语文课程评价改革的关键在于突破传统的应试教育模式，将学生置于教育发展的主体位置，帮助他们在各方面得到提升。传统的评价往往以考试成绩为主要标准，这种单一的评价方式容易忽略学生的个体差异与多样化发展需求。课程评价改革通过引入过程性评价、表现性评价等方式，能够更加关注学生的学习过程和实际表现，帮助学生认识到自身的优势与不足，并在此基础上不断改进与提升。在全球化与信息化的背景下，语文课程的评价需要超越单一学科的限制，注重学生跨学科知识的综合应用能力。通过跨学科的阅读与写作任务，学生能够将语文学科与历史、哲学、艺术等学科的知识进行融合，形成更加立体的思维方式与文化理解能力。这种评价方式能够帮助学生在学习过程中逐步形成独立思考、批判性思维与创新能力，为他们的未来发展奠定坚实的基础。

（二）推动教师专业成长

传统的教学评价往往关注教师的教学准备和学生的表现，以考试成绩为主要评价工具。在新课程改革的背景下，初中语文课堂评价更多关注推动教师的专业成长，鼓励教师采取主动、积极的教学态度，转变过去被动、消极的评价方式。这种新的评价框架下教师不再局限于单次课程的教学效果评价，而是通过持续的自我反思和专业发展计划不断优化教学实践，提高教学质量。教学评价不但关注教师的教学效果，还要注重教师在教学方法、课程设计、课堂管理等方面的创新能力。通过评价，教师能够获得对自己创新行为的客观反馈，激发他们在教学中不断探索与尝试新方法，提升教师的教学实践水平，推动整个教育体系的创新与发展。

（三）优化语文教学效果

语文课程评价改革的最终目的是改进语文教学，提升语文教学的整体效果，科学合理的评价能为语文教学提供有力的指导与支持，使教学更加符合学生的发展需求与社会的进步要求。通过系统的评价，教师可以获得关于学生学习情况、教学效果、课程设计等方面的详细数据，这些数据可以为教学决策提供科学依据。例如，教师通过分析学生的作业完成情况、课堂参与度、考试成绩等数据，了解学生在不同教学环节中的表现与进步情况，从而对教学内容与方法做出调整，使教学更加具有针对性与有效性，以更好地满足学生的个性化学习需求，提升语文教学的整体质量。

语文教学需要通过现代信息技术的手段提升教学的效率与效果。教师通过在线评价平台、智能评价系统等工具能够进行更加科学、精准的评价与反馈，提升评价的效率，还能够为学生提供更加个性化的学习建议与支持，为语文教学的改进与发展提供更加广阔的空间。

二、多元化评价标准的采用

随着教育理念的创新，传统的以考试成绩为主的单一评价标准已经不再适应发展，多元化评价标准已经成为发展的必然趋势。初中语文课程评价的改革关键在于采用相对标准、绝对标准、个体标准等多元化的评价标准，以期适应教育多样性的需求和促进学生全面发展的目标。

相对标准通常在教育体系内部如班级、学校或地区之间实施。此标准有助于找到学生在群体中的位置，促使学生在同龄人间形成健康的竞争关系。然而，这种内部比较的方法可能导致过度竞争和学生之间的自我评价问题，因为它可能过分强调相对位置而忽略个体的实际能力和进步。绝对标准为学生提供了一个与外部客观标准的比较，这种标准独立于学生所在的系统，让学生能够更准确地评估自己的实际水平和成长进度，它鼓励学生关注个人的实际表现和提升，而不仅仅与同龄人进行比较。个体标准是基于每个学生过去的表现和潜能来设定的，考虑了学生的个人历史和成长潜力，极大地尊重了个体差异，促进学生依据自己的能力和进步速度进行学习，对于发展学生的自尊心和自我效能感非常关键。三种评价标准的结合使用旨在实现一个更公正、更全面的教育评价体系。通过在评价过程中融入这些多元标准，教育者可以更好地识别和培养每位学生的独特能力及潜力，避免单一评价标准可能带来的局限性和偏见，能够促进学生全人格的发展，确保每位学生都能在教育环境中找到成就感。

三、坚守以促进学生发展为本的评价本质

我国教育领域在长期发展中，课程设计往往结合了社会和学科本位的考量。社会本位主要体现了教育的社会性功能，即通过教育传递社会主义核心价值观和技能，而学科本位聚焦于传授人类文化和科学的成果。中学语文课程更倾向于社会本位，教学设计重视学生个性的健康发展，但更多地强调满足社会需求。随着最新一轮的课程改革，教育的核心已明确转向以促进学生发展为本，新的课程设计理念强调培养学生的创新精神和实际操作能力，旨在构建一个以学生的全面发展为目标的教育环境。

坚守以学生发展为本的评价本质主要体现在以下方面：第一，课堂教学评价

的转变。当前的评价体系需要激励教师从传统的重知识讲授向激发学生主动性和积极性的方向改进。教育的目的不应仅仅局限于知识传授，而应更多地关注学生情感态度和价值观的培养，课堂教学评价应成为推动教师教学方法变革的重要力量。第二，课堂教学内容的适应性调整。教师应根据评价反馈调整教学内容，淘汰过时的教材内容，增加更多与现代生活紧密相关的教学素材。通过这种调整能够促进教学内容与学生生活实际的链接，增强学生对学习内容的兴趣和生活实践的关注。第三，课堂教学实施方式的创新。评价机制应促进课堂教学方式的革新，鼓励学生从被动接受知识转变为主动探索知识。推广自主学习、探究学习和合作学习的模式，提高学生的学习效率，更能够全面提升学生的综合素质和自主学习能力。通过这些评价机制的实施，可以确保课堂教学更加聚焦于学生的实际需要和个性化发展，真正实现教育评价的根本目的——促进每位学生的全面和持续发展。这种以学生为中心的评价模式能够改善教育质量，激发学生的学习动力，为他们的未来学习和生活奠定坚实基础。

第二节　初中语文学生评价创新

学生评价是依照一定的课程目标对学生个体学习的进展和变化进行价值判断，并反馈至教育实践以改进教学。[①] 学生评价是教育评价领域中最重要、最基本的一个领域，它包括对学生的智能、态度、个性、能力以及兴趣爱好等多方面的评价。在新时代教育理念的引领下，学生评价亟须从单一的分数评价向多元化、个性化的方向转变。创新学生评价体系有助于全面了解学生的学习状况，充分激发学生的学习兴趣，增强其自主学习的动力。

一、个性化评价体系的建立

初中语文教学学生评价方面，传统的评价方式往往采用统一的标准，忽视了学生个体之间的差异，不能真实反映学生的真实情况，还容易挫伤他们学习的积极性。对学生评价体系进行全面创新，建立以学生为中心的个性化评价体系能够有效激发学生的学习潜能，促进学生的全面发展，如图 6-2 所示。

---

① 陈云坤，石恪，丁俊锋. 新时代基础教育管理与质量评价研究［M］. 北京：北京工业大学出版社，2023.

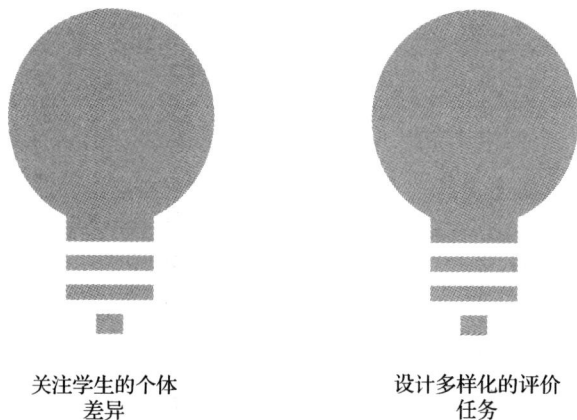

关注学生的个体
差异

设计多样化的评价
任务

图6-2　个性化评价体系的建立

（一）关注学生的个体差异

学生是教育的主体，每个学生在兴趣爱好、能力水平、学习风格等方面都具有独特性，个性化评价体系要关注学生的个体差异，确保评价的针对性和有效性。语文学科内容广泛，学生在不同的内容模块中可能会表现出不同的兴趣。例如，有的学生对文学作品分析感兴趣，有的学生更喜欢创意写作。个性化评价体系应允许并鼓励学生根据自己的兴趣选择评价内容。教师可以设计多样化的评价任务，如让学生自主选择阅读书目或写作题材，并根据他们的兴趣进行评价。通过这种方式，学生能够在自己感兴趣的领域深入探索，从而激发他们的学习热情。

在初中语文学习过程中，学生会在语言表达、写作技巧、思维方式等方面展现出不同的能力和水平。有的学生可能在写作方面会有比较出色的表现，有的学生可能在口语表达方面更具有优势……不同学生在学习过程中展现出不同的能力和水平。个性化评价应根据学生的实际表现，制定灵活的评价标准，而不是简单地套用统一的评分标准，使评价结果更符合学生的实际情况。个性化评价体系还要关注学生在学习风格方面存在的差异，应提供多种表达方式，使学生能够以最适合自己的方式展示所学知识。一些学生可能擅长通过图表和思维导图整理信息，而另一些学生更倾向于通过文字表达思想。在评价过程中，教师应允许学生选择最适合自己的方式完成任务，以充分展示他们的学习成果。

（二）设计多样化的评价任务

多样化的评价任务设计能够全面、深入反映学生的能力水平，为他们的成长发展提供更加有效的指导。初中语文课程涵盖听、说、读、写等方面，评价任务设计中要涵盖阅读报告、口头表达、课堂讨论等不同类型，以便对学生的理解能力、分析能力、表达能力、逻辑思维能力等进行考察。评价任务的形式要多样化，难度和挑战性方面要有所不同，使不同能力水平的学生可以结合自己的实际情况进行选择，有利于激发他们的学习兴趣和创造力。评价任务的设计要注重过程评价与结果性评价的结合。例如，在写作任务中，教师可以通过阶段性的评改帮助学生逐步完善他们的作品；在阅读任务中，教师可以通过定期的阅读笔记检查了解学生的阅读进展和思维变化。过程性评价有助于学生的持续改进，能够帮助教师更好地了解学生的学习状态，提供更加有针对性的支持。

二、多主体参与的评价方式

多主体参与的评价方式强调教师、学生、家长、社会、同伴共同参与学生评价，各主体间通过互助合作形成更为全面、客观的评价，为学生在语文教学中综合素质的提升提供有力的支持，如图 6-3 所示。

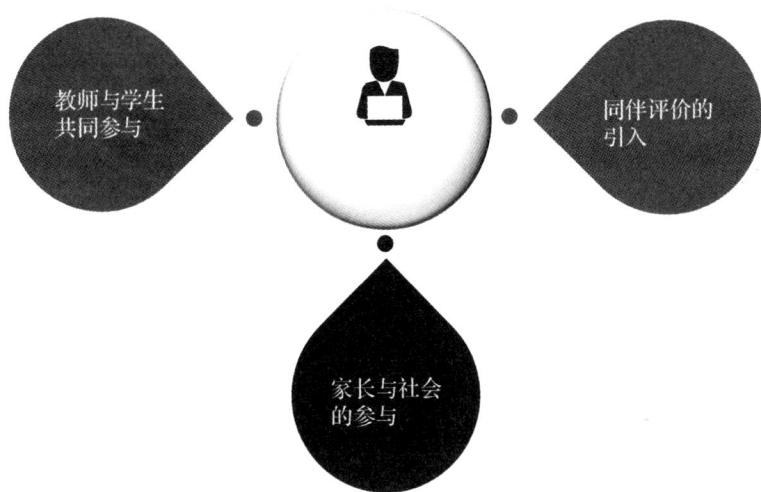

图 6-3 多主体参与的评价方式

（一）教师与学生共同参与

随着教育理念的更新，越来越多的教育工作者认识到学生参与评价过程的重要性。学生作为学习的主体，让其参与评价过程能够促使他们主动反思自己的学习过程，增强学习的自主性和责任感。学生与老师共同参与的评价方式主要体现为学生自评与教师评价相结合，在这种评价模式下，学生能够通过自评来审视自己的学习表现和进步情况，认识到自己的优点和不足。教师在学生自评的基础上，能够提供进一步的反馈和指导，为学生指明改进的方向。这种学生自评和教师评价相结合的评价方式对培养学生学习的自主性有很大帮助，能够有效增强学生的学习动力，帮助他们有针对性地进行学习和改进。

（二）家长与社会的参与

家长与社会的参与能够为学生评价体系注入新的视角，更全面反映学生的学习表现和成长情况，帮助学生在课堂之外获得更多的学习支持。

在家庭环境中，家长作为学生的主要观察者，能够提供学生家庭中表现的信息。家长要定期与教师进行沟通，反馈学生在家庭作业、课外阅读、学习态度等方面的表现。教师通过家长的反馈可以了解学生在校外的学习情况，并将这些信息纳入评价体系中形成更加全面的评价结果。这种家校合作的评价方式不只关注学生课堂上的表现，还对他们在家庭中的学习习惯和行为进行考察，帮助学生在多个环境中综合发展。社会能够为学生提供丰富的实践机会和学习资源，学生在评价过程中要将其社会实践中的表现纳入评价体系中，关注他们在实际生活中的应用能力和社会责任感。教师可以设计一些与社区服务、志愿活动、社会调查等相关的任务，通过这些任务评价学生在社会实践中的表现和能力，锻炼学生在实际生活中的综合素质和能力，增强他们的社会责任感和公民意识。

（三）同伴评价的引入

同伴评价的引入使学生能够在与同龄人的互动中获得反馈和支持，有利于丰富评价的维度，增强学生间的互动合作和沟通能力。同伴评价看起来简单，操作起来却有一定的难度，需要建立在同学之间的真诚与彼此信任的基础上，并且这种真诚和信任并不是短期就能够形成的，而是需要经过较长时间的培养。例如，在作文写作教学中，教师可将学生分成小组，要求他们在小组中相互点评彼此的作文并给出改进建议。通过这种同伴之间的评价，学生能够从同龄人的视角审视自己的作品，发现自己在写作中的问题和不足。同伴评价能够提供多元化的反馈，增强学生之间的互动与合作，帮助他们在团队中学习和成长。

三、多元化评价方法的采用

在当前教育环境中，初中语文教学的评价方法亟须创新，特别是在促进学生全面发展的目标下，采用多元化评价方法成为必然趋势。实施多样化的评价方法能够更准确地反映学生的语文学习成效，进而更好地指导教学活动，如图6-4所示。

图 6-4　多元化评价方法的采用

（一）单项评价与综合评价相结合

单项评价指针对教育评价对象的某一方面状况进行的评价；综合评价指对评价对象的状况的方方面面作整体评价。[①] 单项评价侧重于对某一具体能力或知识点的测评，通常通过测试、作业等方式进行，它在检测学生的知识掌握情况和技能水平方面具有重要作用。然而，语文学科不仅包括具体的知识点，还包括语言表达、思维能力、情感态度等方面的综合素养。因此，单项评价需要与综合评价相结合才能全面反映学生的语文能力。

综合评价主要考查学生对知识的掌握，注重他们在实际应用中的综合能力的提升。比如，在阅读教学中，单项评价可通过对某一篇文章的理解测验来检测学生的阅读能力，而综合评价可以通过阅读报告、主题讨论等方式来考查学生对多篇文章的整体理解和思维分析能力，注重学生在解决问题、表达思想、合作学习等方面的表现。通过这些多元化的评价方式，教师能够更全面地了解学生的语文素养和思维发展情况。

（二）静态评价与动态评价相结合

静态评价通常在某一固定时点，对学生的学习成果进行快照式的评估，这种方式虽然可以提供即时的学习反馈，但往往忽略了学生能力的发展过程。动态评价是根据动态原理提出的教育评价的行为法则，其基本要求是在教育评价过程中要注意对评价对象的历史情况、发展水平及发展趋势进行评价，并研究其对一定

---

① 王景英 . 教育评价理论与实践［M］. 长春：东北师范大学出版社，2002.

社会需要的敏感程度和响应能力。[1] 相对而言，动态评价更注重学生能力的变化和进步，通过持续的课堂表现记录、学习档案、连续作业批改等了解学生的学习进度和存在的问题。例如，在语文写作教学中，教师可以通过连续多次的作文评改，记录学生在写作思路、语言运用、文章结构等方面的进步情况，并给予及时的反馈和指导，帮助学生在学习过程中不断调整和改进，增强他们的学习动力和自信心。

结合静态评价与动态评价，可以形成一个更加立体的评价体系。静态评价为学生提供了阶段性的总结和反思机会，而动态评价能够通过持续的跟踪和反馈，帮助学生在学习过程中不断进步和提升。例如，阅读教学中静态评价可以通过定期的测验或阅读报告来检测学生的阅读理解能力，动态评价可以通过阅读笔记、课外阅读记录等方式，持续关注学生的阅读习惯和兴趣变化。静态与动态相结合的评价方式既能够帮助学生了解自己的阶段性成果，又能够通过持续的关注和调整，促进他们在长期学习中的进步和发展。

（三）定量评价与定性评价相结合

依靠数字和量度对教学过程的效果及有关情况进行描述和估计，即构成教学定量评价。依靠语言文字而不是数字对教学过程的效果及有关情况进行描述和估计，则构成教学的定性评价。[2] 在语文教学中，定量评价可用于测试学生的词汇量、语法等语文基础知识；定性评价更适用于评估学生的阅读感悟、文学批评和创作能力。通过两种评价方法的有机结合，可以全面而深入地了解学生的语文学习情况，更有效地指导他们的学习。教师可以通过制定详细的评价标准和评语模板，确保评价的公正性和有效性。例如，在语文课的课堂讨论中，教师制定发言次数、逻辑性、表达清晰度等定量评分标准，课堂观察记录学生的情感投入、合作态度等，并通过定性评语进行总结。定量与定性相结合的评价方式不仅能够为学生提供具体的改进方向，还能够通过评语鼓励和引导学生的情感发展和思维提升。

（四）自我评价与他人评价相结合

自我评价指学生在学习过程中对自己的表现进行反思和评估，这种评价方式能够帮助学生认识自己的优势与不足，增强自我管理能力和学习自主性。他人评价包括教师评价、同伴评价、家长评价等，通过外部视角的反馈，学生可以获得更为客观的评价和指导。将自我评价与他人评价相结合，能够为学生提供多角

---

① 孙福，孙佳怡.在线开放课程建设与管理［M］.北京：北京理工大学出版社，2021.
② 吴志宏.教育行政学［M］.北京：人民教育出版社，2014.

度、多层次的反馈，促进他们的全面发展。在语文教学实践中，学生的自我评价能够通过反思和记录，对自己的学习过程和表现情况进行深入理解。他人评价为学生提供了更为客观和全面的反馈视角。教师评价通常基于专业的教学经验和学科知识，能够为学生提供权威性的指导和建议。同伴评价通过同龄人的视角，能够帮助学生更好地理解自己的学习表现和同伴的表现，并通过互相学习和借鉴进行改进。家长评价关注学生在家庭环境中的学习表现和成长过程，能够为教师提供课堂之外的重要信息。

自我评价与他人评价相结合，能够形成一个更加全面、互动的评价体系。例如，教师在课堂讨论结束后要求学生进行自我评价，反思自己在讨论中的发言表现，并通过教师的课堂记录和同伴评价获得外部反馈，通过多角度的评价方式加深学生的自我认识和外部视角的反馈，帮助他们更全面地了解自己的表现，在学习过程中不断改进和提升。

（五）过程评价与结果评价相结合

过程评价与结果评价是教育评价运行过程中的一对基本关系，是教育评价运转机制方面的哲学抽象，是哲学上量变质变规律在教育评价领域中的反映。[①] 过程评价在整个实践活动中为学生提供连续性的反馈，而且通过对学习策略、思维方式、学习态度等多元化因素的观察和评价，使教师能够更深入地理解学生的学习需求和进展。过程评价让学生能够在实践过程中自我反思，调整自己的行为和策略，从而优化学习过程。过程评价对学生的学习过程进行了深入的关注和记录，从中捕捉学生的认知发展、情感变化、行为改进等学习动态。

无论是过程评价，还是结果评价，都存在一定的局限性。过程评价可能过于关注过程而忽视了实践的最终成果，导致学生在过程中缺乏明确的目标和动力。结果评价可能过于关注成果而忽视了实践的过程，导致学生过于追求结果而忽视了实践的价值和意义。因此，过程评价和结果评价要互相结合，才能形成一个完整的、全面的评价体系。

第三节　初中语文教师评价创新

在教育领域中教师评价具有非常重要的意义，它是提升教学质量、促进教师

① 黄云龙.现代教育管理学［M］.上海：复旦大学出版社，1993.

专业发展的重要手段。传统的教师评价方式往往侧重于上级的考核和学生的成绩表现，这种单一的评价方式难以全面反映教师的教学能力和专业素养。随着教育理念的不断更新，教师评价的创新成为提升教学质量的关键环节。通过教师的自我评价、学生对教师的评价以及同行评议与专家评估相结合的多元化评价方式，能够更全面、客观地评价教师的教学实践，为教师的持续发展提供有力支持，如图 6-5 所示。

图 6-5 初中语文教师的评价创新

一、教师的自我评价

初中语文教师在职业生涯中，自我评价是一个关键的过程，它有助于教师不断总结经验、发现教学中的优势，并进行针对性的改进不足，以达到教学的自我完善和创新。教师的自我评价涉及对教学内容、教学方法、教师与学生互动以及课堂氛围等方面的考量，旨在通过持续的自我提升，实现教育教学的动态优化。

课前准备阶段，教师应细致考虑教案的科学性和实用性，确保其与教学大纲及学生实际水平相符合，还要检视所准备的教具和教学媒介是否充分以及是否有效支持教学目标的实现。这一阶段的自我评价促使教师在进入课堂之前就有充分的准备，确保教学内容的针对性和有效性。课堂教学过程的自我评价更加注重教学互动的质量和教学方法的适应性。教师需要观察并评估自己是否成功创设了开放、民主且包容的课堂环境，是否真正做到了尊重和激发学生的主体性，包括学生能否在课堂上自由表达思想、积极参与学习活动，以及教师能否灵活运用多样化的教学策略以适应不同学生的学习需求。最后阶段，对课堂教学效果的自我评价主要关注教学成果的深度和广度，教师需评估自己的教学是否达到了预设的学习目标，学生是否在认知和情感上获得了预期的提升。教师还应考查自己在激发学生学习兴趣、引导学生思考和培养学生创新能力方面的表现，以及自己的语言表达是否清晰、感染力是否强。

在自我评价中，教师可以通过教学日志、教学反思、教学视频回顾等方式对自己的教学过程进行系统性的分析和自我评价。教学日志是教师在日常教学中记录教学活动、课堂表现、学生反馈等内容的工具，通过定期撰写教学日志，教师可以积累大量的教学数据，为自我评价提供真实的依据，以便不断调整教学策略，提升教学效果。通过对教学过程的深度思考，教师可以反思教学目标的达成情况、教学内容的适切性、教学方法的有效性等方面的问题，这种深度的教学反思能够帮助教师发现教学中的问题，促使教师形成自主改进和创新的意识。通过录制课堂教学视频，教师可以从第三方的视角观察自己的课堂表现，分析教学过程中的每一个细节，帮助他们发现问题，并进行有针对性的调整和提升。通过持续的自我监测和反思，教师的教学技巧能够得到有效提升，这也是教师专业成长的重要途径，促使其从一个单向的教育者角色转变为一个学习者和参与者，使教学过程变得更加生动和有效。

二、学生对教师的评价

在初中语文教学中，学生对教师的评价具有重要的参考价值，它是教学改进的关键反馈环节，主要涵盖教师的教学态度、教学方法和教学效果三大核心领域。评价教师的教学态度时，需要重点关注两个方面，一方面在于教师能否把教学内容和思想品质教育有效结合，体现在对学生的全人教育关怀方面。另一方面在于教师对自己的课堂内容和教学方式的严谨态度，即如何在教学前精心策划，确保每一次授课都能触及学生的思想和知识需求。教师需确保教学流程的每个环节都得到妥善执行，真正让学生从每堂课中获益。在教学方法的评价中主要考查教师如何选择和应用各种教学策略完成教学目标，教师能否根据学生的具体需要选择最合适的教学方法。在这一过程中，教师需要将不同的教学方法有效结合，以促进学生知识的掌握、技能的形成和智力的发展。另外，评价的焦点在于这些方法能否激发学生的学习动机和创造力，帮助学生形成独立的学习习惯。对教学效果的评价主要关注教师的教学是否帮助学生实质性地掌握了课堂知识，并能够激发学生的学习兴趣和参与度。具体来说，包括学生能否在课前通过有效的预习掌握所需知识，课堂上能否积极表达自己的观点并将课堂所学应用于实际生活中。

通过学生的反馈，教师可以及时调整自己的教学策略，优化教学方法，真正达到教学的目标，这样的评价机制既能够促进教师的专业成长，也加强了学生的学习体验，使教学过程成为师生共同成长的旅程，师生合作共同推动教学活动向更高质量的方向发展。

三、同行评议与专家评估

同行评议与专家评估是教师评价的重要组成部分，它们能够为教师的教学实践提供专业、权威的反馈与建议，通过同行之间的相互学习与专家的指导，教师可以更好地提升自己的教学能力，促进专业发展。在同行评议中，教师通过观摩同事的课堂教学、参与教学研讨活动，分享教学经验与心得等相互学习与借鉴。同行评议的优势在于，评议者通常具备相同的学科背景和教学经验，能够从专业的角度对教师的教学进行评价。例如，在教学观摩活动中，语文教师可以观摩同事的课堂教学，观察其教学设计、课堂管理、师生互动等方面的表现，并在课后进行评议与讨论。通过这种评议方式能够为被评议教师提供具体的改进建议，促进评议教师在观摩中学习和反思自己的教学实践。专家评估通常由教育领域的专家或学者进行，他们具有丰富的教学经验和专业知识，能够从更高的视角对教师的教学进行评估与指导。专家评估的优势在于其评估标准更加科学、系统，评估内容更加全面、深入。专家在评估语文教师的教学时，会考查其课堂表现、教学理念、教学目标的达成情况、学生的学习效果等多个方面，通过专家的评估与反馈，教师能够获得权威的指导与建议，更好地提升教学质量。

同行评议与专家评估相结合，能够形成一个更加全面、系统的教师评价体系，教师能够从同行的评议中获得实用的教学建议，能够从专家的评估中得到权威的指导。这有利于促进教师之间的相互学习与合作，且通过专家的指导推动教师的专业发展与教学质量的提升。

第七章 初中语文教学创新的实践探索

第一节 基于深度学习的课堂提问优化

传统的提问方式往往局限于表层理解，无法充分调动学生的思维潜力。为适应新时代教育的要求，课堂提问亟须进行优化，以促进学生的自主思考和创新能力的发展。基于深度学习的课堂提问优化能够引导学生在课堂上积极参与、深入思考，提升语文学习的质量和效果。

一、不断学习，适应时代需求

教师作为教育的引导者，需要不断更新教育理念，提升专业素养，以适应时代的发展需求。

（一）加强理论知识学习

在当前教育改革的浪潮中，深度学习已经逐渐成为推动教学方法革新的核心，这对于初中语文教师而言，既是一种挑战，也是提升教学质量的机遇。理论的更新是实践的先导，教师在课堂上的每个提问都可以成为深化学生学习的切入点。因此，教师要有意识地对自身专业素养进行全面提升，不断学习和更新教育理论实现专业成长，还要掌握如何在教学中实施深度学习，深化对教育理论的理解，能够将理论应用于实际教学中。在深度学习的背景下，课堂提问是一种重要的教学策略，它要求教师重视问题设计的过程，有效地促进学生的思维能力和理解深度，通过精心设计的问题，引导学生进行探索和拓展，达到真正的知识构建目的。

教师应通过阅读最新的教育研究、参与研讨会和与同行的交流而不断充实自己的理论知识库。例如，通过研究如建构主义学习理论和最近发展区理论，教师可以更精确地定位课堂提问的难度，使其既不超越学生的能力范围，也不低估学生的潜能。在实际教学中，这种理论指导可以帮助教师设计出既能激发学生思考，也在学生能力达成范围内的问题，促进学生通过自我探索获得知识，增强其深度学习的经验。

（二）提升文本解读能力

初中语文教学创新探索中，文本解读能力是教师的一项核心素养，它需要对文本背后的深层含义进行挖掘，设计出能够深化学生认识和思考的问题，优化课堂提问。教师文本解读能力的提升主要包括针对性、精确性、多维性三个方面，如图 7-1 所示。

图 7-1　提升文本解读能力

1. 文本解读的针对性

教师在设计课堂问题时应遵循课程标准，把握学生的学习需求和发展阶段。不同的学生对文本的解读可能会有不同的理解和体验，教师在对文本进行解读时，要结合学生的认知水平和学习需求，有针对性地选择解读的内容和提问角度，引导学生在阅读中获得更深刻的理解。例如，在解读《西游记》这样的经典文学作品时，教师要根据学生的认知水平和兴趣点有针对性地选择一些关键章节进行深入解读。对于初中生而言，教师可以选择孙悟空的形象作为解读的重点，设计一些关于人物性格、情节发展以及象征意义的问题，引导学生通过对孙悟空形象的深入探讨，理解作品的主题思想和文化内涵，提升学生对作品的理解，激发他们对文学作品的兴趣，培养他们的阅读素养。

2. 文本解读的精确性

文本解读的精确性指教师在解读文本时，需要基于文本的具体内容和语言表达进行细致入微的分析和阐释，这要求教师具备扎实的语文功底和敏锐的文学感受力，能够从文本的语言、结构、情感等方面进行深入分析，引导学生在解读中关注细节，培养他们的语感和鉴赏能力。例如，在解读徐志摩的《再别康桥》时，教师可以从诗歌的意象、语言节奏、情感变化等方面进行精确的解读，帮助学生理解诗人对离别情感的细腻表达和对康桥的深厚眷恋，培养学生的文学鉴赏能力，提升他们对语言的敏感度和表达能力。

3. 文本解读的多维性

教师需要多角度、多维度地分析文本，挖掘文本的各种可能性和深层含义，设计出能够全面考查学生理解和分析能力的问题。例如，在教学古典诗文时，教师可以通过比较不同时期的文本来引导学生探讨作者的意图、文化背景和语言艺术。文本的多元解读能够为学生提供丰富的学习体验，帮助他们从不同角度理解和评价文本。这种方法不仅培养了学生的批判性思维能力，也增强了他们的文学鉴赏能力和语言运用能力。

二、坚持生本取向，培养学生质疑精神

生本取向强调以学生为主体，尊重学生的个性发展与思维独立性。特别是在语文课堂中，通过重视师生与文本的对话、培养学生的问题意识、留给学生充足的思考时间、鼓励学生的质疑精神等深度学习的提问优化，能够在课堂中营造一个充满探究与思考的学习氛围，充分激发学生的创造力和独立思考能力，如图 7-2 所示。

图 7-2　坚持生本取向，培养学生质疑精神

（一）重视师生与文本的对话

在初中语文教学中的优化课堂提问，特别是强调师生与文本之间的对话是提高教学质量的关键。在这一过程中，教师不再是单纯的知识传授者，而是引导学生与文本进行对话的引路人，这种对话形式不只是对文本内容的简单理解，更注重对学生思维的激发与引导。通过对话，学生能够深入理解文本中的思想与情感，教师通

过引导帮助他们在阅读过程中发现问题、提出问题。教师在设计课堂提问时要注重提问的开放性和深度，避免单一的封闭性问题，鼓励学生从不同的角度对文本进行思考，帮助学生更好地理解文本内容，培养他们的批判性思维和质疑精神。

　　真正有价值的教学活动需要超越形式上的教学，以达到心灵层面的深度交流。这要求教师课堂教学中要关注学生的内在思维特征，及时捕捉课堂上的教学机会，深化教学内容和提高学生的学习效率，使课堂成为真正意义上的学习空间。教师在课堂上的问题设计应该基于深入的文本理解，以此搭建起教师和学生之间的思想桥梁，鼓励学生进行独立思考并开展多角度的讨论，实现深度学习的目标。优秀的课堂提问应能引导学生自主探索文本，与作者进行精神上的对话，感受文本背后的情感和思想。为实现这一目标，教师需要具备高度的专业素养和深厚的人文关怀，能够在提问中体现对学生内在心灵状态的深刻理解和尊重，引导学生学会如何思考，培养他们的质疑精神和独立思考能力，为他们的深度学习奠定基础。

（二）培养学生的问题意识

　　传统的教学模式往往强调教师的主导地位，学生是被动的接受者。但在深度学习的课堂中，教师的角色应从简单的提问者转变为促进提问的推动者。这意味着教师需要设计引导性的问题，引发学生的好奇心，激发他们的思考。例如，探讨《散步》这一课文时，教师可以提出如下问题："为何作者在描述妻子时使用了与前文不同的词汇？"这样的问题能够促使学生发现文本中的细节，引导他们思考细节背后的深层含义。通过这种方法引导学生去主动探索问题，但探索的范围不要局限于语文课本的内容，要扩展到广泛的阅读和生活经验中，使学生能够在更宽广的视角下进行思考。

　　教师要注重对学生自主探索能力的培养，鼓励他们不满足于表面的答案，而要深入挖掘问题的多个层面，学习如何与文本进行深度对话以及如何通过文本链接到作者的情感世界。教师要引导学生将阅读扩展到与文本主题相关的其他文献，帮助学生建立更加全面的知识体系，提高他们解决问题的能力。教师在设计课堂问题时，需要精心考虑如何通过问题引导学生达到深度学习的效果。好的问题能够触及学生的思维深处，引发他们对知识的深入探索。例如，讨论范仲淹的《渔家傲·秋思》时，教师可以让学生探讨"浊酒"与"清酒"的区别，引导学生思考词语背后的文化和情感层面，深化他们对文本的理解。

　　在整个教学过程中，教师都应该注意保持问题的开放性，鼓励学生从不同的角度进行思考，提出自己独到的见解，促进学生的认知发展和精神层面的成长。

通过这样的教学实践，学生的问题意识将得到显著提升，养成在学习过程中主动发现问题的习惯和解决问题的能力，为他们未来的学术和生活奠定良好基础。

（三）留给学生充足的思考时间

基于深度学习的语文课堂中，留给学生充足的思考时间是教师设计教学过程中的一个关键策略。思考时间的充足与否，直接影响着学生在课堂上能否深入理解文本、提出有价值的问题以及进行深度的思考与探讨。教师提问后应给予学生足够的时间进行思考，不仅能够提高回答的准确率，还能促进学生的深度思考，提升他们的思维能力。

然而，由于课堂时间的限制，教师有时可能仅仅机械地执行预设的提问计划，导致学生在有限的时间内急于回答，在这种情况下的学习往往只是表面的互动而非真正的思维活动。为了克服这种局限性，教师在备课阶段应仔细构思提问的内容和方式，通过精准提问而减少不必要的干扰，确保学生在思考问题时能集中精力，深入挖掘问题的核心。教师要根据学生的回答提供具有针对性的反馈，师生之间的和谐互动能够增强课堂的活力，有助于学生形成独立思考的习惯，真正实现深度学习。

（四）培养学生的质疑精神

鼓励学生质疑，帮助学生掌握学习的主动权，建立一个平等且开放的课堂氛围。在语文课堂中，教师应通过多种方式激发学生的质疑精神，鼓励他们在学习中勇敢地提出问题，并通过探讨与研究找到问题的答案。

教师要营造开放、包容的学习氛围，通过表扬、鼓励的方式肯定学生在课堂上提出的问题，尤其那些具有挑战性和创新性的问题，以便增强学生的自信心，使他们在学习中更加勇敢地提出自己的问题和见解。教师可以通过设置质疑环节，专门鼓励学生在课堂上质疑。例如，在讲解完一篇文章后，教师可以设立一个"质疑时间"，邀请学生对文本内容、作者观点、教学内容等方面质疑并组织全班同学进行讨论。通过发现问题的多样性和复杂性，充分激发学生的好奇心，帮助他们在质疑中发展创新思维和解决问题的能力。

三、精准设计问题，切入文本提问

探索基于深度学习的课堂提问优化中，教师需要通过精准设计问题而引导学生深入文本，这是实现深度学习的关键。教师的问题设计应基于课程标准以及对学生学习情况的深刻理解。通过精准设计问题，教师能够有效地切入文本，引导学生在阅读过程中发现问题、提出问题、解决问题，实现深度学习，引导性提问、启发性提问、开放式提问和冲突式提问是几种常见的提问方式。

引导性提问是教师通过一系列有层次的、逐步深入的问题，帮助学生在思维过程中逐步接近文本的核心内容和思想内涵。引导性提问通常具有明确的指向性，能够引导学生按照一定的思路进行思考，逐步揭示文本的深层意义。引导性提问的设计需要教师对文本内容有深刻的理解，并能够预设学生可能遇到的思维障碍，通过提问来逐步引导学生克服这些障碍。例如，教学《祝福》这篇文章时，教师可以设计一系列引导性的问题来帮助学生理解作品中的人物形象和主题思想。教师可以先提出一个较为基础的问题："鲁迅是如何通过细节描写塑造祥林嫂这一形象的？"通过这个问题引导学生关注文本中的细节描写，理解作者如何通过细节描写来传达人物的内心世界。然后教师可以进一步引导："这些细节描写反映了祥林嫂怎样的命运和性格特征？"将学生的思维进一步引向人物命运和性格的分析，引导学生深入思考作品的主题。通过层层递进的引导性提问，学生能够在教师的引导下逐步揭示作品的深层意义，形成对文本的整体理解。引导性提问的关键在于设计问题的层次性和逻辑性，教师需要根据学生的认知水平和理解能力设计出一系列具有连贯性的问题，使学生在认真回答每一个问题的过程中逐步深化对文本的理解，逐步培养逻辑思维能力和分析问题的能力。

启发性提问旨在通过富有启发性的问题，引导学生从新的角度思考问题，激发他们的创造性思维和独立思考能力。这类问题通常不直接给出答案，而是通过设置一定的思维障碍或启发点来引导学生自主探究，形成自己的见解。启发性提问的设计需要教师在充分理解文本的基础上，寻找文本中的"空白"或"悬念"，通过提问引导学生填补这些空白或解开悬念，形成对文本的独特理解。例如，在讲解《红楼梦》中的人物关系时，教师可以提出一个启发性的问题："林黛玉与贾宝玉之间的情感关系，不仅是男女之间的爱情，更是某种更深层次的精神共鸣。你认为这种精神共鸣体现在哪些方面？"这个问题没有唯一的标准答案，学生需要通过对文本的细读和思考，能够从不同的角度探讨林黛玉与贾宝玉之间的情感关系，以及这种关系背后所体现的文化、精神内涵。在回答启发性问题的过程中，学生能够突破对文本的表层理解，深入思考文本中的复杂情感和思想，并在思考中培养创造性思维和批判性思维。

开放式提问是没有唯一答案的，旨在通过提出广泛而有深度的问题，鼓励学生从多个角度进行思考，表达自己的见解和观点。开放式问题通常具有较高的思维难度，能够激发学生的思维潜力。开放式提问的设计要求教师具备深厚的文本分析能力和丰富的课堂经验，以确保问题能够引发学生的深度思考。开放式提问的优势在于，它能够激发学生的思维广度和深度，鼓励学生在思维过程中自由表达和创造。例如，教师在讲解《平凡的世界》时，可以提出一个开放式的问题："在你看来，主人公孙少平的奋斗历程反映了什么样的社会现实和人类精神？"引导学生可以从社会背景、人物性格、文化影响等角度进行探讨，形成丰富多样的解读视角，提高他们的批判性思维和创造性思维能力。

冲突式提问通常具有一定挑战性，能够促使学生在思维中发现问题、分析问题，在辩论或讨论中得出自己的结论。冲突式提问的设计，需要教师在充分理解文本的基础上，找到文本中的矛盾点或对立观点，并通过提问引导学生在思维过程中进行深入探讨。冲突式提问的设计还可以通过提出辩论性的问题，引导学生在思维过程中进行对比和反思。例如，在讲解《钢铁是怎样炼成的》时，教师可以提出一个辩论性的问题："你认为保尔·柯察金的革命精神和个人幸福之间存在不可调和的冲突吗？"通过设置冲突引导学生思考个人理想与现实之间的矛盾，并通过辩论或讨论进行深入探讨，培养学生独立判断和解决问题的能力。

四、创设有效情境，促进知识迁移运用

通过创设有效的情境，可以为学生提供真实而富有挑战性的学习体验，帮助他们在不同情境下灵活运用所学知识，帮助学生更好地掌握知识，培养他们解决问题的能力和创新思维，如图 7-3 所示。

图 7-3　创设有效情境，促进知识迁移运用

创设问题情境　　强调情感参与　　注重知识迁移运用

（一）创设问题情境

基于深度学习的课堂提问优化过程中，创设有效情境是促进学生知识迁移与运用的关键策略。深度学习的核心在于培养学生的高阶思维能力，通过将问题嵌入到真实或模拟的生活情境中来激活学生的思维，使学习内容变得生动和具体。当前语文教育对情境教学的重视日益增强，其目的是将课堂学习与学生的实际生活经验相链接，提高知识的实用性和生活性。情境的真正价值在于其能够为学生提供感知、互动和情感交流的平台。情境应围绕文本展开，通过教师与学生之间的互动，使知识点在学生心中得以深化和内化。例如，教学《昆明的雨》一文时，教师可以利用多媒体技术播放不同强度的雨声，让学生在听觉和视觉的双重刺激下，描绘文中提到肥大的仙人掌、火炭般的杨梅等景象，以此激发学生的感官体验和情感共鸣。

有效的情境设计要遵循从浅入深的原则，逐步引导学生深入文本，探索更为复杂的主题和问题。情境教学不应仅仅停留在表面的模拟或体验上，而应该深入到激发学生自我思考的层面上，使学生能够通过情境中的问题和任务，自行建构知识框架，形成独立的思考和解决问题的能力。教师在设计情境时还要关注学生的真实生活经验和个人背景，将这些因素融入教学设计中，使情境成为学生学习的"催化剂"。

（二）强调情感参与

创设有效情境时，教师应注重引导学生在情感上参与到问题情境中，通过情感体验加深对知识的理解和应用。在语文教学中，教师应通过精心设计的问题，引导学生深入文本字里行间，体验和感受文本中的情感，提高他们的情感参与度。教师设计提问时要基于学生的前期知识和情感体验，考虑他们的阅读背景和人生感悟，形成能触动学生情感的提问。例如，在讲解《荷塘月色》时，教师可以设计一个情感参与的问题情境：请学生回忆自己曾经经历的一个宁静夜晚，并将这种体验与文本中的情感氛围进行对比。通过情感参与，学生能够更好地理解作者在描写荷塘月色时的情感，并运用这种情感体验，创作出具有情感深度的文章或表达自己的感受。

（三）注重知识迁移运用

迁移运用要求教师在设计提问时，自觉地创造有利于学生迁移和应用能力培养的问题，提问应放在真实的情境中，激发学生主动迁移已学知识到新情境的能力，唤醒学生的学习意识，强化他们解决实际问题的能力。在迁移运用中，教师要关注学生的情感和社会体验，使学习过程更加全面和深入，确保学生能在情感、认知、社会应用等方面得到发展，实现深度学习的真正目标。

第二节　基于 STEAM 教育理念的说明文教学策略

当前教育领域，STEAM［科学（Science）、技术（Technology）、工程（Engineering）、艺术（Art）和数学（Mathematics）］教育理念日益受到重视，其具有综合性、动态性、体验性和情境性等特征，强调利用现代技术及跨学科知识的有效整合，旨在通过项目学习或问题情境推动学生的创新能力和科学思维的发展。这种教育模式与初中说明文的教学需求相匹配，强调科学性与人文性相结合，能满足学生全面发展的需求。

一、动态性设计教学，优化教学方案

STEAM 教育理念下的教学设计不应是一成不变的，教学内容和实施方式能够随着教学情境和学生需求的变化而调整，能够更加精准地对接学生的学习和发展需求，呈现出动态化的特征。因此，教学设计应具备足够的灵活性和适应性，以便教师可以在教学过程中根据实际情况调整教学策略和内容，确保教学活动的有效性和适应性。初中语文说明文的教学中，传统的静态教学设计难以适应学生日益变化的需求和多元化的学习背景，基于 STEAM 教育理念的动态性设计教学逐渐成为提升教学质量的重要策略，如图 7-4 所示。

图 7-4　动态性设计教学，优化教学方案

（一）转变设计理念，制订动态方案

传统教学设计往往强调预定的教学目标和固定的教学步骤，忽视了学生在学习过程中的个体差异和动态需求。在 STEAM 教育理念引导下的教学设计更加

关注学生的学习体验和过程，将动态性融入教学方案中，以应对课堂中的变化。《义务教育语文课程标准（2022 年版）》明确提出："工具性与人文性的统一，是语文课程的基本特点。"[①] 初中语文说明文教学重视工具性与人文性相结合的教学设计，核心在于如何有效地将说明文的教育功能与学生的需求相结合，传授知识的同时注重其思维和能力的培养。教师应根据 STEAM 教育的指导原则，转变教学设计的理念，从传统的知识传授者转变为学生能力培养的促进者，加强学生对文本的深入理解和分析，培养学生将学到的知识运用到实际生活中的能力。

STEAM 教育强调教师在设计课程时应具有动态性，根据学生的实际学习情况和反馈调整教学策略和内容，具体需要从以下方面着手：第一，教师应深化对说明文学科的理解，充分认识到其在科学性和人文性之间的桥梁作用。第二，教师需通过动态的教学设计，不断调整和优化教学策略，使之既符合教育标准，又能激发学生的学习兴趣和思维能力。教师应激发并利用自身的创造力和潜能，运用现代技术手段和跨学科知识、创设具有挑战性的学习项目和问题情境等策略，促进学生在解决实际问题的过程中提升自我能力，为课堂注入新的活力。第三，教师应将教学设计立足于培养学生的核心素养。说明文的教学，不但注重对学生知识的传授，也重视对其价值观、科学精神和人文关怀的培养。

（二）遵循设计原则，科学动态教学

在 STEAM 教育理念指导下，教学设计的核心在于引导学生从主动参与到深度理解。为此，教学设计需要围绕启发性、情境性和趣味性三大原则进行。充分激发学生的学习兴趣，提高他们的参与度，帮助他们在理解和应用知识方面取得实质性进展。

启发性原则要求教师在教学过程中扮演引导者的角色，通过巧妙的问题设置和适时的教学干预，促进学生独立思考。在这一过程中，教师需提供足够的思考空间，引导学生通过探索和讨论，深入理解课堂内容，增强学生的认知能力，鼓励他们主动探究未知来深化学习体验。情境性原强调创设真实或虚拟的学习环境，让学生在具体的学习情境中探索和实践。通过这种方式，学生可以在类似真实世界的环境中应用所学知识，更好地理解和吸收教学内容。例如，探讨时间概念时，教师通过模拟四季更替的多媒体展示，有效引导学生体验和感知时间的流逝，进而深化对时间的科学和哲学理解。趣味性原则着重于使教学内容生动有

---

① 中华人民共和国教育部．义务教育语文课程标准（2022 年版）[M]．北京：北京师范大学出版社，2022.

趣，吸引学生的注意力和兴趣。通过将枯燥的知识点以富有创意的方式呈现出来，教师可以激发学生的好奇心和求知欲，使他们在轻松愉快的氛围中学习，提高他们对学习内容的长期记忆。

通过这三大教学设计原则，教师能够有效地实施 STEAM 教育理念，优化说明文的教学方案，激发学生的创造力和批判性思维，促进他们在学术和个人发展方面取得全面进步。

（三）灵活运用教学方法，激发学生兴趣

说明文覆盖的内容广泛，涉及天文地理、科技技能等领域，常常与学生的直接生活经验有一定的距离，这种差异容易造成学生的理解障碍，在一定程度上影响教学效果。因此，教师需要采用动态的教学方法，让说明文的教学既具有教育价值又富有引导性。

在多学科融合的 STEAM 教育理念下，通过灵活多样的教学方法，教师能够引导学生积极参与课堂活动，增强他们对说明文写作的兴趣和理解。在 STEAM 教育理念下，多学科之间相互交融，内容广泛，教学情境随之错综复杂，但其正是让学生在复杂情境中、多学科内容之下进行问题的解决，进而培养多元化能力。[①] 具体到教学实践中，教师需要在对教学内容和学生情况的深入分析基础上设定教学目标、提出问题，并动态地引导学生采用多种实践探究方式和运用各种技术和资源，以旧知识为基础探求新的解决策略，并对结果进行研讨和交流。

在实施 STEAM 教育理念中，PBL 项目教学法、5E 教学模型及探究式教学法是常用的教学方法，这些方法能有效地结合说明文教学的特点，充分发挥说明文在多学科教学中的桥梁作用。PBL 项目教学法通过对整个项目的实施，让学生在完成从项目设计到执行的各个阶段，在教师的引导下全面深入地理解学习内容，从而提升综合素养。初中语文说明文在教学中运用 PBL 项目教学法，能够针对不同的文本内容选择适合的项目，激发学生的学习动力，提高学习效率。5E 教学模型一般包括引入、探索、解释、扩展和评价五个阶段，强调在教学的每一个步骤中引导学生主动参与并激发其学习兴趣。通过创设情境，激发学生的情感，进而引导他们自主探究，最终通过展示和评价来巩固学习成果，使说明文教学更加生动，更容易激发学生对知识学习的兴趣。探究式教学法强调教师在教学过程中的引导作用，让学生在探究中构建知识，掌握探究的方法和程序。在说明文教

---

① 李媛.STEAM 教育理论在初中说明文教学中的应用研究［D］.集美大学硕士学位论文，2018.

学中，这种方法可以使学生根据文本的具体内容选择最适合的探究方式，如自然科学类文本强调实证探究，人文社会科学类文本侧重于分析和思辨。

在 STEAM 教育理念的支持下，结合现代教学方法和技术，教师可以在说明文教学中实施动态教学设计，从而激发学生的学习兴趣，有效提高教学效率，促进学生在多学科领域的全面发展，为学生提供更广阔的学习视角和更实际的学习体验。

二、综合性开展教学，构建主体协作模式

初中语文教学中，特别是在说明文教学的实践中，单一的学科知识往往难以满足学生多维度的学习需求。基于 STEAM 教育理念综合性开展教学，通过构建多学科协作的主体模式可以更好地提升学生的综合素养和实践能力。这种教学模式要求教师具备多学科的知识储备，能够灵活运用现代技术，整合多方资源，实现与技术支持人员、资源提供单位等多主体协作的综合性教学，使学生能够在课堂中体验到不同学科知识的交叉与融合，增强他们的思维深度和学习兴趣。综合性教学注重对学生能力的培养和素养的提升，使学生在真实的教学情境中发挥主动性，深化学习体验，促进学生全面发展，如图 7-5 所示。

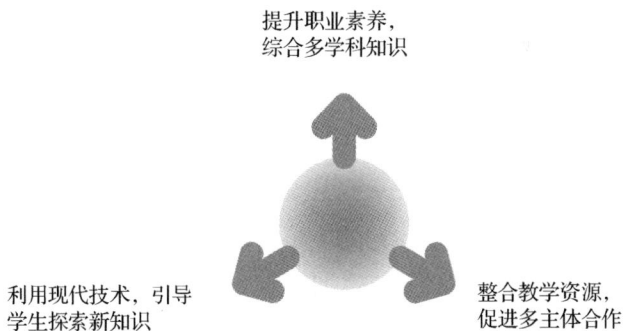

图 7-5 综合性开展教学，构建主体协作模式

（一）提升职业素养，综合多学科知识

STEAM 教育理念强调科学、技术、工程、艺术与数学等多学科的交叉融合。基于 STEAM 教育理念的初中语义说明文教学中，教师需要突破传统的学科本位思维，提高自身的职业素养，深入理解多学科知识，引导学生将语言表达与科学探索、技术应用等结合起来，促进其素养的提升和发展。说明文的内容广泛，集

科学性与文学性于一体，要有效地提升说明文的教学质量，教师必须具备丰富的多学科知识，能够帮助学生理解文本，激发他们对科学思维的兴趣。

提升职业素养的关键是语文教师需要主动学习并掌握其他学科的基础知识。在初中语文说明文教学过程中，教师可以将科学实验、工程设计等内容与语文学习相结合，帮助学生理解说明文中涉及的技术性内容。例如，教师可以结合物理学的基本原理，讲解与光学现象相关的说明文，让学生在学习语言的同时，掌握相关的科学知识，使学生在学习说明文时能更好地理解文本内容，并在实践中运用这些知识。教师还要具备创新能力，灵活地将多学科知识整合到语文教学中，这要求教师在日常教学中不断探索和尝试，将STEAM教育理念融入语文课堂的各个环节。教师可以通过设计跨学科的项目式学习活动，让学生在完成语文学习任务的同时应用科学技术进行探究和实验，在实践中实现多学科知识的交叉运用，使学生掌握语文知识，并培养科学思维、技术应用和团队合作等多方面的能力。

（二）利用现代技术，引导学生探索新知识

在初中语文的说明文教学中，将现代技术融入教学过程是创新课堂的重要手段，旨在激发学生的学习热情并提高他们的知识探索效率。教师需精心研究教学内容，结合学生的实际学情制定教学目标，并运用适当的教学策略来确保教学活动的有效实施。说明文教学独特的魅力在于其跨学科的知识结构和内在的科学逻辑，要充分发挥这一特性，教师需选择合适的教学方法，通过引导学生主动探索和发现新知识，以此拓宽他们的视野并提升思维能力。常见的教学方法如问答式教学和合作探究式教学都能有效促进学生的思维碰撞和能力提升。

在STEAM教育理念的引领下，教育技术的应用尤为重要。多媒体技术的利用尤其是网络技术，为教学提供了丰富的资源和多元化的表现形式。通过网络和其他现代技术手段，教师可以创建更丰富、更立体的教学情境，充分激发学生的思维，也能使学生在多样化的教学活动中感受到科学与人文的魅力。随着互联网和智能设备技术的快速发展，这些技术已不限于日常生活中的应用，而且深入到教室内部成为教学的重要工具。教师可以利用这些技术将教学内容以多元化的方式呈现出来，使课堂变得更加灵活和生动，帮助学生更深入地理解教学内容，提高学习效率。例如，通过智慧教学一体机等设备，教师可以在课堂上利用互动白板，动态地展示教学内容，使学生能够在全景的视觉体验中深刻感受到文中所描述的艺术技巧和历史背景。

通过这些现代教育技术的应用，说明文的教学不再是单向的知识传递，而成为一个互动丰富、充满探索乐趣的过程，使说明文的教学更加生动有趣，有效地促进了学生的全面发展，使他们在享受知识乐趣的同时，能够在思维上获得实质性的提升。

（三）整合教学资源，促进多主体合作

在当前教育环境下，初中语文说明文教学呼唤多主体合作与资源共享，以促进教师与学生之间更广泛的协同。STEAM 教育理念倡导的跨学科融合倡导教师之间的跨学科合作、学生之间的团队合作等多方协同合作，形成一种集体智慧的教学模式。

教师之间的跨学科合作是促进多主体合作的关键。备课阶段应通过跨学科合作集体备课的方式，优化教学设计。语文教师在准备授课时可以邀请物理、化学、生物及地理等科目的教师共同参与，对教学内容的多学科知识点进行整合和讨论，帮助教师从多角度理解和解读文本，确保教学设计的科学性和合理性。通过多学科教师的集体智慧，可以突破传统的单一学科教学思维，让学生在理解语文知识的同时，能够链接到其他学科的相关知识，提高学习效率和兴趣。例如，教学《大雁归来》时，语文、生物和地理教师可以共同探讨文本中的生态和地理元素，为学生提供一个全面的学习视角，使学生能够学习到文学知识、科学知识、地理知识等多维度知识，使他们能够更好地理解和吸收课堂上的信息。在学生评价过程中同样可以采用多主体参与的模式。教师可以从多学科的角度对学生的作业和表现进行评价，提供全面的反馈。通过鼓励学生之间进行互评来增强学生的批判性思维和自我反思能力，促进学生之间的交流和合作。通过综合性的教学模式，说明文教学可以更加充分地发挥其科学教育价值和能力培养价值，真正实现立德树人的教育目标，使学生在真正的学科交融中成长和进步。

三、科学性与人文性并存，创设别样语文课堂

科学性与人文性的并存是构建高质量课堂的重要特征，特别是在说明文的教学中，这一理念尤为重要。STEAM 教育理念强调学科间的融合和人文精神的渗透，通过将科学性与人文性有机结合，教师能够为学生创设一种既重视知识传递又注重情感交流的课堂环境，激发学生的内在学习意愿，培养他们的综合素质，如图 7-6 所示。

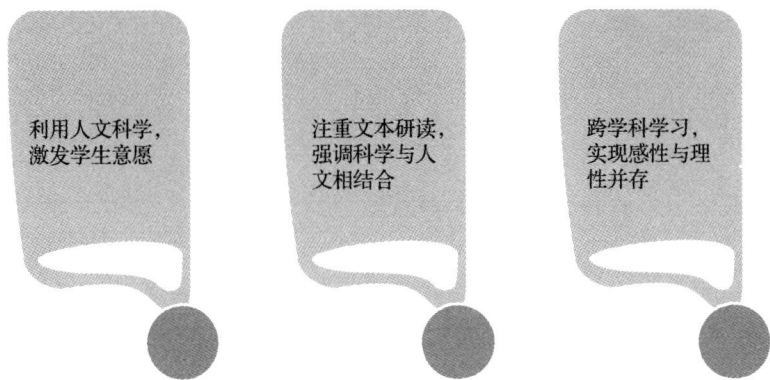

利用人文科学，
激发学生意愿

注重文本研读，
强调科学与人
文相结合

跨学科学习，
实现感性与理
性并存

图 7-6　科学性与人文性并存，创设别样语文课堂

（一）利用人文科学，激发学生意愿

STEAM 教育理念作为从 STEM 教育发展而来的一种教育模式，其特点在于跨学科的整合，强调科学、技术、工程、艺术以及数学的融合，特别是科学与人文的融合。说明文作为语文教学中的一个重要文体，本身融合了丰富的科学知识和深厚的人文精神，正好符合 STEAM 教育的核心要求。在传统的教学中，教师过分强调说明文的文体结构和技术手段，而忽略了文本所蕴含的科学与人文元素的深层价值。采用 STEAM 教育理念的说明文教学则不同，它要求教师在教学中平衡科学性和人文性。这种教学方式强调科学性的同时，也不忽视人文性，鼓励学生探索和理解科学知识和人文思想的内在联系，使学生能在理解科学原理的同时，体会到文章中的人文价值。

教师可以通过探讨科学实验或技术发明的背景，帮助学生理解科学内容，同时引入相关的历史、文化背景或艺术影响，让学生感受到科学与人文的交融，培养学生的全面素养。例如，在探讨关于可再生能源的说明文时，教师可以引导学生了解相关的科学技术，探讨这些技术背后的工程原理，同时引入环保的人文关怀，让学生思考技术发展对社会和环境的影响。教师可以通过设计跨学科的探究活动，进一步激发学生的内在学习意愿。例如，可以组织学生进行一项关于空气质量的研究，要求他们在实际测量数据的基础上，撰写一篇说明文，并在文中讨论空气污染对人类健康的影响。这种跨学科的探究活动，能够提升学生的科学素养，培养他们的写作能力和批判性思维，使他们在学习过程中感受到科学与人文的有机融合。

（二）注重文本研读，强调科学与人文相结合

在 STEAM 教育理念的指导下，语文教学策略中尤其强调科学与人文的有效结合，这使语文课堂展现出别样的魅力和教育价值。STEAM 教育通过科学、技术、工程、艺术及数学的整合，既加深了学生对科学的理解，也激发了他们对人文艺术的关注。此理念的引入，使说明文的教学不再局限于文体的技术层面，而转向更为深入的科学和人文对话。说明文中的科学性和人文性并存的特征，为教学提供了丰富的内容和多维度的教育价值。在实际教学中，教师应重视两方面的融合，引导学生理解说明文背后的科学原理及其人文内涵，激发学生对知识的好奇心和探索欲望，引导他们建立起探求真理的学习态度。

在文本研读中，教师可以引导学生从科学和人文两个维度对文本进行多层次的解读。例如，研读一篇关于太空探索的说明文时，教师可以先引导学生从火箭发展的原理、太空站的结构等科学角度理解文本中的技术细节。然后，教师可以引导学生从人文角度思考太空探索对人类未来的意义。通过多维度的文本研读能够帮助学生加深对科学知识的理解，感受到人类对未知领域探索的勇气和决心。教师在课堂上要使用视频、模型、实验等多种教学手段和媒介，使学生在多感官的学习环境中体验和理解科学与人文的结合，增强学习的实效性和趣味性。例如，教师可以选择一篇关于机器人技术的说明文，让学生在了解机器人如何工作的同时，探讨机器人技术对社会、伦理和人类工作的潜在影响。在此基础上，教师可以组织一个项目，让学生设计一个简单的机器人模型，帮助学生理解机器人技术的科学原理，深入思考技术进步带来的复杂人文和社会问题。

（三）跨学科学习，实现感性与理性并存

STEAM 教育理念强调跨学科学习的重要性，可以让学生掌握多学科知识，培养他们在复杂情境中进行综合思考和决策的能力。在初中语文说明文教学中，教师应通过跨越学科的学习设计，帮助学生实现感性与理性的并存，培养他们在多维度上进行思考的能力。说明文本质上是介绍和解释客观事物的文体，它既传达科学信息，也反映了人类对世界的感知和理解。教师在教学这类文本时应重视其内含的科学精神与人文价值，使学生在学习科学知识的同时，能体验到文本中的人文关怀和艺术美感。

教师要借助 STEAM 教育的理念设计包含多学科元素的教学活动。例如，讲解一篇关于机械工程的说明文时，可以结合物理的力学知识、历史上的工程成就以及工程对社会的影响，使学生不仅学习到关于机械的科学知识，还能理解这些

科技如何改变人类生活以及这些变革背后的社会和文化因素。教师还要鼓励学生从多角度探讨和思考说明文中的内容。在分析关于环境保护的说明文时，除科学角度，教师还应引导学生考虑社会、经济、政治等方面的因素，讨论环保措施的实际应用和潜在挑战，以培养他们全面理解复杂问题和解决问题的能力。

第三节 基于项目学习的古典诗歌教学策略

项目学习是以某一学科为主要载体，基于学科的核心知识和关键技能，在真实的任务情境中，围绕学生生活或社会热点设计驱动性问题，学生自主探究、团结协作、有效交流、理性思考，真实发生学习，最终有效完成项目，生成真实学习作品并获得真实性评价的一种教与学的方式。[①] 在初中语文古典诗歌教学中，项目学习的引入，能够激发学生的学习兴趣，增强对古典诗歌的理解与感悟，促进学生综合能力的发展。

一、科学设计项目主题

在项目式学习模式中，项目主题的确立是起点与基础，是项目学习成功的关键环节。在初中语文古典诗歌教学中，教师通过关注教材内容、整合学科资源、联系日常生活等策略，能够设计出既符合教学目标又贴近学生实际的项目主题，帮助学生在实践中深入领会古典诗歌的美感与内涵，如图 7-7 所示。

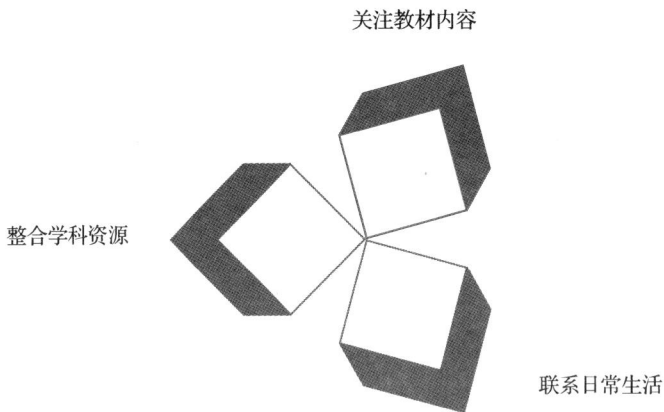

图 7-7 科学设计项目主题

① 朱玮.项目学习视域下初中语文综合性学习实施策略研究［D］.广州大学硕士学位论文，2022.

（一）关注教材内容

古典诗歌是初中语文教材的重要组成部分，每一篇选入教材的古诗词都具有丰富的文化内涵和教育价值。因此，项目主题的设计应紧扣教材内容，围绕古典诗歌的核心主题展开，以帮助学生在项目学习中深入理解诗歌的思想与艺术特点。例如，教师可以围绕《登鹳雀楼》设计"登高望远"主题项目，这个项目包含理解诗歌的意境、研究诗歌中的历史背景、创作与诗歌主题相关的绘画作品等子任务。通过这些任务学生能够加深对诗歌的理解，还能在跨学科的探索中发现诗歌与历史、地理等知识的联系，增强他们的综合素养。关注教材内容的同时，教师要根据学生的学习进度和理解能力，设计出适合不同年级、不同层次学生的项目主题。对于高年级学生，项目主题可以更加复杂和综合，要求学生进行更深入的研究和探讨；对于低年级学生，项目主题可以更加简单和具体，侧重于基础知识的掌握和简单的实践活动。

项目学习在对文本进行深入理解的基础上，还要培养学生的积极探索和创造精神，实现古典诗歌教学的现代化与生活化，使古诗文学习不再是死记硬背，而成为一种富有探索性和享受性的学习体验。

（二）整合学科资源

随着教育改革的深入和新课程标准的实施，传统的以学科为本位的教学模式逐渐转向强调跨学科的综合教学，这种转变在初中语文古典诗歌教学中表现得尤为明显。古典诗歌与历史、地理、艺术等多学科领域有着密切的联系，教师在设计项目主题时，要突破传统学科之间的界限，将古典诗歌与其他学科的知识内容相结合，整合学科资源，帮助学生在综合学习中深入理解诗歌的内涵，更好地培养他们的创新思维和实际问题的解决能力。以苏轼的诗词为例，他不仅在文学上有着非凡的成就，同时在书法和绘画艺术上也表现出卓越的才能。因此，以苏轼的生平和作品为核心的项目学习可以有效地整合语文、书法、美术等多学科内容，为学生提供丰富的学习体验。教师可以组织学生进行小组合作，通过集体讨论和协作探究深入研究苏轼的艺术成就和文学价值。在这一过程中，教师要鼓励学生自行收集和处理相关资料，锻炼他们的信息整合能力，提升他们合作学习能力和艺术表现能力。还可以让学生尝试模仿苏轼的书法或者绘制与其诗词相呼应的画作等活动，使学生更加生动地感受到文学与艺术的完美结合。

教师在整合学科资源的过程善用虚拟现实（VR）技术，带领学生"游历"诗歌中的名胜古迹，体验诗人笔下的风景与情感；也可以通过多媒体资源，展示与诗歌主题相关的历史文物或艺术作品，帮助学生在视觉和听觉的多重体验中，增强对诗歌的感悟力。

（三）联系日常生活

在古典诗歌的项目学习中，教师要将日常生活经验与教学内容相结合，创建生动的学习主题，激发学生的学习兴趣，增强古典诗歌的学习效果。例如，生活中四季的更迭和自然的周期性变化都是我们每日感受到的自然现象，也深深植根于中国传统文化中的二十四节气之中，它反映了古人对季节变化的细致观察，体现了对生命与自然的深刻敬畏。利用这种文化和自然的融合，教师可以设计以二十四节气为背景的诗歌学习项目，通过探索不同节气与古诗词中描述的自然景观和情感状态的对应关系，使学生学习到古诗词知识的同时能够加深对中国传统节气的理解，在诗歌学习中融入对自然与文化的感知。

例如，教学《行香子》这首诗时，教师可以设计一个探究活动，引导学生分析秦观的词句，探讨其中描述的是哪个季节、哪个节气。学生可以通过诗中花开的状态、天气的描写等意象来判断与哪个节气相符合。在此过程中，学生不但能够了解二十四节气的文化意义，还能够通过分析和讨论来锻炼他们的思维能力和表达能力。结合节气与古诗词的学习中不能局限于理解诗中字面意义，更重要的是通过跨学科的方式培养学生的文化素养和审美能力。探究《行香子》与特定节气的联系时，教师可以进一步引导学生思考这一节气在古人生活中的具体意义，以及诗人如何通过诗词表达对这一时节情感的抒发和自然美景的赞美。

二、创设教学情境

在古典诗歌教学中，通过营造理想的教学氛围和创设真实的生活情境，学生能够更深刻地体验和理解古典诗歌的情感与意境，在多感官的刺激下产生共鸣，增强对古典诗歌的感悟和创造力，如图 7-8 所示。

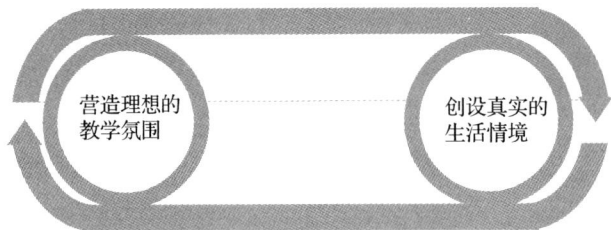

图 7-8　创设教学情境

（一）营造理想的教学氛围

理想的教学氛围应是轻松而愉快的，它鼓励学生大胆地表达自己的想法，自信地分享他们的见解。为了创设这样的环境，教师要视学生为课堂的主体，发挥好支持者和引导者的角色，通过创设理想的教学氛围，引导学生进入诗歌的情境中，感受诗人的情感世界，加深对诗歌内容的理解和共鸣。例如，教学《钱塘湖春行》时，教师通过创设与白居易的生平背景相关的问题或者设计"错位时空"这样的主题，使学生能将诗人的经历与自己的实际情况相对比，产生更深的情感共鸣和思考。学生可以想象如果自己身处白居易所描述的春天，与家人一起在西湖边游玩，那么他们所看到的景象与诗中描述的是否有所对应。通过这样的探索让学生体会到诗中的美，使他们感受到时间的流转和变迁。教师还可以引导学生探讨，如果置身于那样的环境中他们会有怎样的心情和感悟，通过情境设定使学生能在实际和想象中游走，帮助他们将课堂学习与现实生活联系起来，更深地理解和感受诗歌。

（二）创设真实的生活情境

基于项目学习的古典诗词教学中，将教学情境与学生现实生活紧密联系起来，能够极大地增强学生的学习动机和对古典诗词的理解深度，进一步提高教学的有效性。例如，学习《早发白帝城》时，教师通过组织学生进行一次短途的郊游活动，让学生在风景优美的自然环境中朗诵这首诗歌，切身体会李白所描绘的壮丽河山和行船的飞快速度，更深刻地理解诗歌中所表达的情感，使他们在亲身体验中加深对诗歌的理解。设计模拟情景，可以让学生通过扮演特定的角色来进一步体验和理解古典诗歌中的情感。例如，在《木兰诗》学习中，让学生分组扮演木兰和她的家人、战友等角色，通过模拟木兰从军、与敌作战、凯旋归家的场景，体验木兰的勇敢与坚毅，帮助学生更好地理解诗歌中的人物形象，增强他们的情感体验和表达能力。

虚拟现实技术（VR）也是营造真实生活情境的重要工具。通过 VR 技术创设一个沉浸式的诗歌学习环境。例如，学习《梦游天姥吟留别》时，利用 VR 技术带领学生"游历"天姥山的虚拟场景，让他们在虚拟的山水之间感受李白的豪放与浪漫，通过现代技术营造真实生活情境，帮助学生在视觉、听觉等多感官的刺激下，增强对诗歌的感悟和理解。

三、设置驱动问题

有价值的问题能够激发学生的思维，驱动学生由浅入深进入学习情境中，形成感同身受的深度学习体验。基于项目式学习的古典诗词教学中，驱动问题的设计可以从以下几方面入手，如图 7-9 所示。

图 7-9　设置驱动问题

（一）关注问题本身，指向高阶思维

在项目学习中，驱动问题的设立是引领学生深入学习的关键，它能够激发学生的探究欲望，也是链接学习内容与高阶思维的桥梁。选择与文本密切相关的驱动问题可以促使学生深入文本，发掘其更深层次的意义和价值。

以《相见欢》为例，这一词牌名下有两首著名的作品，一首出自南唐后主李煜，另一首则是朱敦儒的作品，两者虽同名却各有特色。李煜的《相见欢》表面上歌颂相聚的喜悦，实则蕴含离别的哀愁，这种表面与实际情感之间的矛盾，可以设计成为探讨词中深层意义的驱动问题。教师要引导学生进行思考：为何在词牌名充满喜悦的《相见欢》中，作者却表达了离别的忧伤？这种情感的矛盾背后隐藏着怎样的人生哲理或历史背景？将李煜的《相见欢》与朱敦儒的同名作品进行对比，是一种深入文本的方式。虽然两篇作品词牌名相同、内容看似相近，却蕴含着不同的人生观和情感表达。因此，可以设计如下驱动问题：这两位作者的人生经历和历史背景如何影响了他们的创作？他们在表达相同主题时有何异同？让学生通过对比分析，理解两位作者的文本内容，并通过探讨他们各自的生平和时代背景来理解不同的历史与个人经历对作者创作的影响。通过对以上文本的深入分析和对人物的研究，使学生在感知诗词美感的同时，理解文学作品背后的历史文化和个人情感的复杂性，以培养他们的跨学科的思维，真正做到教育的立德树人目标。

（二）精选问题，由浅入深，驱动学习

基于项目学习的古典诗歌教学中，问题要由浅入深、由易到难，逐步引导学

生深入思考、理解诗歌的内涵。精练的问题能够帮助学生抓住学习的重点，在不同的层次上驱动学生的思维和探索。教师要先从简单的问题入手，引导学生对诗歌的基本内容进行理解。例如，学习《静夜思》时，教师可以先提出这样的问题："这首诗的主要内容是什么？"这样的问题能够帮助学生从字面上理解诗歌的基本内容，为后续的深入探讨打下基础。当学生对诗歌内容有了初步理解后，教师可以逐步提出更为复杂的问题，引导学生进行深入思考。在此基础上教师可以继续提问："李白为什么会在夜晚产生'思乡'的情感？你认为这种情感表达了什么？"这个问题要求学生理解诗歌中的情感表达，结合诗人的生活背景和时代特征进行更深入的思考，提升对诗歌的理解和分析能力。

（三）联系个人经验，感同身受

通过设置与学生个人经验相关的问题，把古诗词与学生的生活经历相联系，使学习更具吸引力和实际意义，增强他们对诗歌情感的感同身受。例如，学习《逢入京使》这首诗时，可以设置问题："你在生活中有没有经历过与亲友分别的时刻？这种经历让你产生了什么样的情感？你能用诗歌的形式表达这种情感吗？"通过以上问题能够激发学生的创造力，鼓励他们通过诗歌表达自己的情感和思想，增强学生对古典诗歌的认同感和参与感，使他们在情感上与诗人产生共鸣，更深刻地理解诗歌背后的文化和历史意义。

四、策划项目活动

项目活动的成功需要充分发挥教师的主体作用以及跨学科的协同合作，引导学生在学习过程中实现知识的综合运用和多角度的探索，提升学生的综合素质和创新能力，如图 7-10 所示。

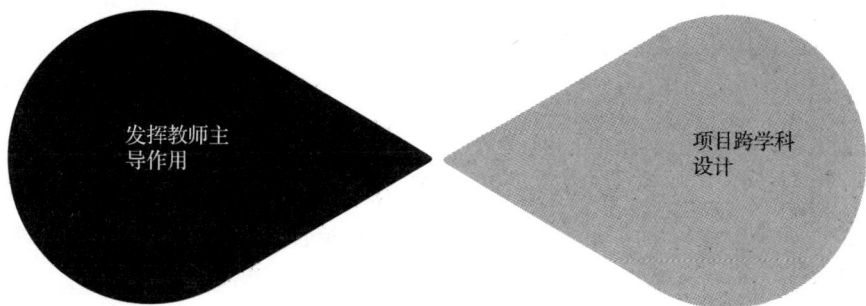

发挥教师主导作用

项目跨学科设计

图 7-10　策划项目活动

（一）发挥教师主导作用

基于项目式学习的古典诗歌教学实践中教师的角色至关重要，他们是知识的传递者，更是项目活动的策划者和引导者，承担着激发学生兴趣、引导学生探究、评估学习成果等多重职责。充分发挥教师的主体作用才能保证项目活动的实施顺畅进行，促进教学目标的更好实现。

教师要结合诗歌的主题和内容设定清晰的学习目标。例如，学习《登高》时，教师可以设定如下教学目标：理解诗歌中的情感表达、掌握诗歌的修辞手法、培养学生的审美能力等。在明确这些目标的基础上组织策划学生撰写与诗歌主题相关的文章、进行与诗歌情感相契合的艺术创作等相关的项目活动，帮助学生在实践中加深对诗歌内容的理解，培养他们多方面的能力。教师在项目活动中要扮演好引导者的角色，通过问题引导、资源提供和思维启发等方式帮助学生在项目学习中进行自主探究，鼓励他们通过查阅资料、讨论交流、实验验证等方式寻找答案。通过引导性的策划，有效激发学生的学习兴趣，培养他们的探究精神和自主学习能力。

为确保项目活动的顺利进行，教师在活动中要提供持续的反馈和指导，确保学生能够按照预定的学习路径前进，并在遇到困难时获得及时的帮助。教师可以通过阶段性评估、课堂讨论、个别指导等方式了解学生的学习进度，并根据他们的实际需求调整项目活动的难度和方向，确保学生能够在项目活动中逐步提高自己的文学素养和综合能力。

（二）项目跨学科设计

项目式学习的实施在跨学科设计上具有独特优势，尤其在古诗词教学中，它能够将多个学科的知识和方法融入综合性的学习过程中，帮助学生从不同的学科视角理解和分析诗歌的内容及形式，促进他们在综合学习中获得深度体验和多维度的发展，培养学生的跨学科思维能力和解决实际问题的能力。

例如，学习《长恨歌》时，教师可以设计一个要求学生研究唐玄宗和杨贵妃的历史背景以及这一事件对当时社会影响的项目。促使学生通过查阅历史资料、观看相关纪录片、访谈专家等方式了解诗歌背后的历史事实，并结合诗歌中的情感表达进行分析和讨论。通过以上文学与历史相结合的项目活动，能够帮助学生更好地理解诗歌的情感内涵和社会意义，培养他们的历史意识和批判性思维能力。再比如，学习《早发白帝城》时，教师可以设计一个与地理学科相关的项目，要求学生研究白帝城的地理位置、自然景观以及交通路线等内容。通过这种文学与地理相结合的项目活动，使学生在了解诗歌所描述的自然环境后，能够结合诗歌中的意象进行深入分析，在多维度的学习中增强对诗歌意境的感知力和理解力。

五、项目成果展示与综合评价

综合评价展示是对整个教学过程的总结和反思，便于教师全面了解学生的学习成果和能力发展情况，还能够激发学生的成就感和进一步学习的动力，具体的评价可以参考两个方面，如图 7-11 所示。

图 7-11　项目成果展示与综合评价

（一）梳理项目阶段性成果与成果展示

项目学习的每个阶段都应该有明确的成果输出，这些成果可以是学生研究古诗词的过程记录、分析报告或者创作作品等。例如，探究辛弃疾诗歌的课程项目，可以在每节课结束时要求学生提交一份关于诗歌分析的小结或者是与同学的讨论记录。通过类似的阶段性成果既能够帮助教师及时了解学生的学习进展，也能够让学生看到自己的成长和进步，增强他们学习的自我效能感。

成果展示既是对学生学习成果的检验，也是激发学生成就感的重要途径。教师可以组织一场班级或年级的成果展示会，邀请其他教师、家长和同学参与，学生通过演讲、展示作品、表演等形式展示自己在项目学习中的收获，帮助学生巩固所学知识，增强他们的自信心和表达能力。在成果展示的过程中，教师要注意引导学生进行自我评价和互相评价，通过反思来发现自己的优点和不足，从其他同学的展示中学习新的思路和方法，提升自己的学习能力和表现水平。

（二）根据项目任务与成果确定评价主体

在古典诗歌项目学习中，教师应根据具体的任务和成果特点选择合适的评价主体，并结合多元化评价原则，进行全面、科学的评价。教师的评价主要侧重于学生在项目中的知识掌握情况、思维能力的发展、任务完成的质量以及学习态度等方面。学生的自我评价是学生从自身角度出发，反思自己的学习过程和成果，发现自己的优点和不足并制订改进计划，有助于学生培养自主学习的能力，增强学习的责任感和成就感。同伴评价能够帮助学生从他人的角度看待自己的学习成果，从同伴的反馈中获得新的启示和建议。还可以邀请家长和社会人士作为评价主体，参与学生的成果展示和评价。通过这样多层次、多角度的评价体系，能够激发学生的学习兴趣，有效提升他们的思维能力和创新能力，为他们的全面发展奠定坚实基础。

第八章　语文教师专业发展

第一节　中学语文教师的角色

角色是个体在特定的社会关系中身份以及由此而规定的行为规范和行为模式的综合。[①] 在当前教育改革不断深化的背景下，中学语文教师的角色日益多元化和复杂化，理解并清晰定位教师角色对于教师的专业发展和教学实践具有重要的指导意义。

一、教师角色理论

随着社会对教育的期望越来越多元化，教师角色的内涵日益丰富，对教师的职业心理和行为模式提出了更高的要求，教师的专业发展也成为不可忽视的话题，而对教师角色的深入理解是推动教师专业成长的关键。教师角色的理论框架包含多种观点，其中，建构主义、实用主义和人本主义的教师角色理论为现代教师的专业发展提供了重要的理论支持，如图8-1所示。

（一）建构主义的教师角色理论

与传统的教学模式不同，建构主义强调学生在学习中的主动性，认为知识并不是由教师直接传授的，而是通过学生在与环境的互动中逐步构建的。在建构主义视角下，教师不再是知识的传授者，而是学习的促进者。教师的主要任务是创造一个支持学生自主探索和思考的学习环境，引导学生通过与材料、同伴和教师的互动，建构自己的知识体系。具体到语文教学实践，教师可以通过问题引导和情境创设引导学生对文本内容进行自主探究，教师在这一过程中需要敏锐地捕捉学生的理解过程，并通过适时的反馈和支持，帮助学生深化对学习内容的理解。建构主义强调教师角色的动态性，强调其需要根据学生的学习进展和反馈不断调

---

① 刘晓白，莫光荣.杏坛求真：大足田家炳中学校本教材［M］.成都：电子科技大学出版社，2009.

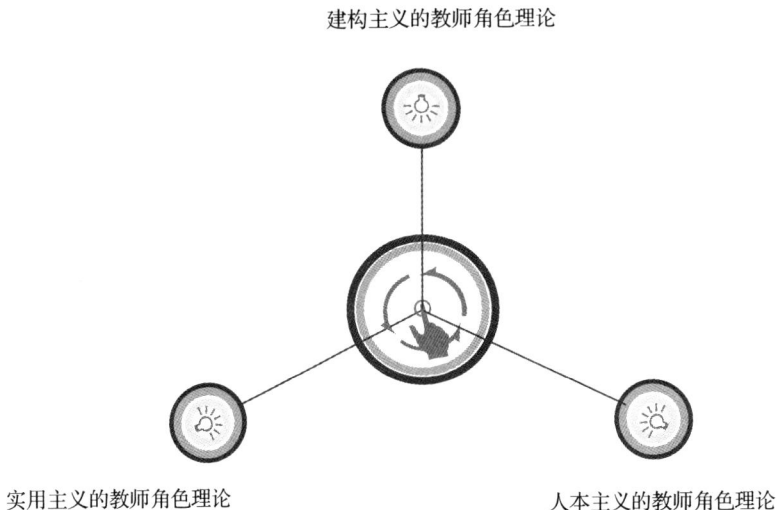

图 8-1　教师角色理论

整教学策略。教师需要了解学生已有的知识背景，设计能够引发学生认知冲突的任务，促使他们进行深度思考和知识建构。

（二）实用主义的教师角色理论

实用主义教育理论最早由美国哲学家约翰·杜威提出，强调教育的目的不是单纯的知识传授，而是培养学生解决实际问题的能力。在实用主义的视角下，教师的角色是引导学生在真实情境中应用所学知识，帮助他们通过实际操作和体验来掌握技能和知识。教师需要设计和安排能够让学生动手实践的学习活动，使学生在解决实际问题的过程中应用和内化所学知识。在语文教学中，教师可以通过角色扮演、项目学习、社会调查等方式将课堂知识与实际生活联系起来，帮助学生将语文知识运用于实际生活情境中，提升学生对学习内容的理解和掌握，培养他们的实践能力和创新思维。

实用主义强调教师对学生个体差异的关注，每个学生的兴趣、能力和学习方式不同，教师应根据学生的特点设计个性化的教学方案，因材施教，帮助学生在自己的节奏中学习和成长。实用主义的教师角色理论提倡教师在教学中应扮演引导者和合作者的角色。教师与学生共同参与学习活动，鼓励学生在实践中发现问题、提出问题，并通过合作解决问题，培养他们的合作能力和团队精神。

（三）人本主义的教师角色理论

人本主义的教师角色理论强调教师与学生之间的关系和教学的人文关怀，此理论认为，教师应与学生建立积极的关系，以学生为中心，高度信任学生并注重激发学生的内在潜能。人本主义认为，教育的最终目的是帮助学生发现自我潜力，形成积极的人生观和价值观，教师被视为学生发展的支持者和引导者，主要任务是创造一个尊重、理解和支持学生的学习环境，使学生在学习中获得心理上的满足和成长。教师需要关注学生的情感需求，尊重学生的个体差异，并为学生提供表达自己、探索自己和实现自我的机会。

人本主义的教师角色理论强调教师应营造一个开放、宽容的学习环境，使学生能够自由地表达自己的观点，勇敢地提出问题，在探索中不断成长。教师需要具备高度的同理心和情感敏感度，能够理解学生的情感体验，并通过适当的支持和引导，帮助学生在学习中克服心理障碍，增强心理韧性和抗压能力。教师需要了解学生的兴趣和需求，设计能够激发学生内在动机的学习活动，帮助学生在学习中形成自主性和内驱力，为他们的终身学习奠定基础。

二、中学语文教师的角色定位

如今，教师的角色变得更加多元化，这些新的角色定位反映了对教师专业能力的更高要求，促使教师在教育实践中不断创新和提升，如图 8-2 所示。

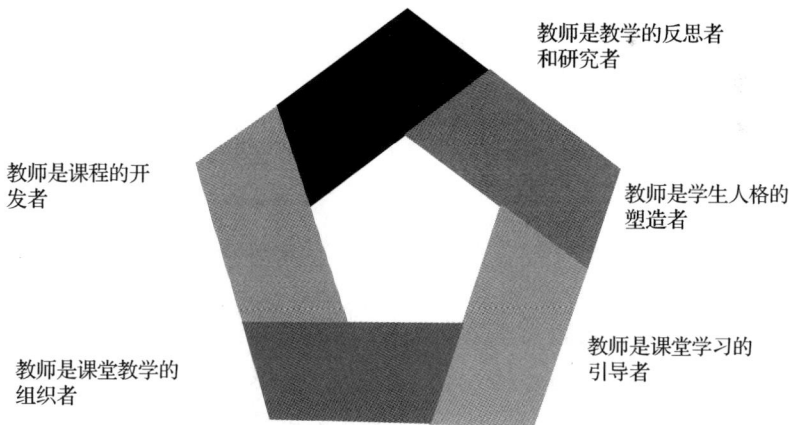

图 8-2 中学语文教师的角色定位

（一）教师是课程的开发者

过去，教师的工作主要是传授知识，遵循固定教材，执行既定的教学大纲。随着教育的发展和社会的需求变化，仅仅作为知识的传递者已不足以满足现代教育的多样化需求。新课程改革强调教师应超越传统角色，成为课程的开发者，进一步激发教学的创造力和活力。教师是课程的开发者，教师应当与学生一起来创造课程。[1] 这意味着教师需要具备开发教育资源的能力，能够根据学生的实际情况和地区特色调整并丰富教学内容，帮助学生更好地适应学习要求，使教学工作本身更具个性化和创新性。教师在课程开发过程中不再是单一的教学知识的传播者，而需要动态地管理和利用各种教育资源，这要求教师拓宽视野和发展课程资源意识，突破教材的局限，探索和利用各种可用资源来优化教学设计和实施。

作为课程的开发者，教师需要根据课程标准、结合学生的学习特点，设计出能够激发学生兴趣、满足不同层次需求的教学内容。在初中语文教学中，教师应该根据学生的阅读兴趣和能力水平选择适合的文学作品或文章，设计多样化的阅读活动和讨论主题以促进学生的深度学习。教师在课程开发中要关注课程内容的整合性和系统性，新课程体系中强调学科间的融合与联系，这要求教师在课程设计中注重多学科知识的整合。初中语文教师要将文学、历史、哲学等学科内容有机结合，通过跨学科的教学活动帮助学生在更广泛的知识背景下理解和欣赏文学作品。

（二）教师是课堂教学的组织者

语文教师的角色从传统的权威型教师逐渐转变为学生学习过程中的组织者，这种转变是对教学理念的深刻反思和实践的创新。它强调了学生的主体性，要求教师在课堂上发挥更多的组织和协调作用，使学生在学习过程中真正成为自主的参与者。

传统的课堂教学常常是由教师主导的，学生处于被动接受的位置，这种单向的知识灌输不利于学生创造性思维和问题解决能力的培养。新的教学观念要求教师改变这一状况，通过创设积极互动的课堂环境鼓励学生表达自己的想法，参与到学习的每个环节中。一方面，教师需要从学生的生活经验和已有知识出发，设计接地气的教学活动，这要求教师不仅要了解学科知识，还要深入了解学生的个性和需求。另一方面，教师要通过项目式学习、合作学习等各种教学策略，引导学生发现问题并自主寻找解决方案，培养学生的批判性思维和创新能力。

教师作为课堂的组织者，还要维持好课堂秩序，尽量为学生创造一个宽松、自由、富有挑战性的学习环境，激发学生的学习兴趣，增强学习的主动性和积极性。教师应鼓励学生积极参与课堂讨论，勇于提出自己的观点并与同伴多进行互

---

① 张立昌.课程设计与评价［M］.长春：东北师范大学出版社，2017.

动交流，帮助学生完成知识体系的构建，促进其社交技能和沟通能力的发展。教师要不断学习新的教育理念、教学方法和评价策略，不断反思和改进自己的教学实践，更好地适应教育改革的要求，提高教学质量，促进学生全面发展。

（三）教师是课堂学习的引导者

在语文课堂中，学生的反应和体验各异，需要教师充分尊重学生的多样性，通过精心设计的教学策略来有效引导他们。教师应充分考虑学生的心理和生理发展特点以及学习语文的独特需求，通过激发学生的好奇心和求知欲，教师可以极大地促进学生的主动学习和个性发展。在课堂上，教师应该创造充满挑战的问题情境，以此激发学生的学习兴趣，并引导他们进行质疑、探索和发现，帮助学生逐步实现从"要我学"到"我要学"的转变，促进其从"要我发展"向"我要发展"的积极变化。

教师要具备敏锐的洞察力和丰富的教学经验，能够根据学生的学习状态和需求，提供及时、有效的引导。在语文教学中，教师可以通过设问、点拨、启发等方式，引导学生对文本内容进行深入分析和思考，发现作者文字背后所隐藏的情感和思想，帮助学生在阅读中获得更深层次的理解和感悟。教师要通过引导学生进行自主学习，培养他们的学习能力和独立思考能力。通过设计自主学习任务、提供学习资源和工具，帮助学生在课外进行拓展阅读和思考，增强他们的自主学习能力。

（四）教师是学生人格的塑造者

教师的影响远不止于学科知识的传授，更在于通过语文教学中丰富的人文内容对学生进行品德教育和情感熏陶。教师要关注教学内容的道德和美学价值，通过文学的力量增强学生的道德感和审美感，提升学生的文化素养，帮助学生形成坚韧的个性和全面的人格，促进学生在道德、智力、审美和身体各方面的和谐发展。

作为人格塑造者，教师要具备高尚的道德品质和强烈的社会责任感，以自己的行为影响学生。在课堂中要以诚实、正直、宽容的态度对待每一个学生，营造一种尊重与信任的课堂氛围，通过文学作品中的人物形象和情节，引导学生思考如何在现实生活中关心他人、服务社会。教师还要引导学生正确处理情感问题，培养他们的情感表达能力和情感调节能力，通过讨论、写作等方式，帮助学生表达自己的情感体验。作为人格塑造者，教师还要对学生的个性发展进行关注，尊重他们的个性特点，帮助他们形成独立、自信、负责的人格品质，培养学生的独立思考能力和责任感，帮助他们在学习中形成积极的人生态度。

（五）教师是教学的反思者和研究者

在课程改革的推动下，教师被赋予了更多的创造性空间，更加深入地参与到课程设计和教学实践中，这种开放的课程结构使教师摆脱了对教科书的依赖性，不断提升自己的教学水平和创造能力，以适应不断变化的教育需求。教师需要不断地探索和实验，将理论与实践相结合，以科学的态度审视并改进自己的教学策略。反思和研究是教师专业发展的基石，帮助他们在实践中不断地优化教学方法和提高教育质量。

作为教学的反思者，教师需要具备批判性思维和自我改进的意识，能够对自己的教学实践进行深刻的反思和总结，发现问题并提出改进措施，不断改进自己的教学实践。作为教学的研究者，教师要具备教育科研的能力，在教育研究中推动教学创新和教育发展，通过参与教学研究课题、撰写教育论文、参加教育研讨会等方式不断提升自己的专业素养和科研能力。还要通过阅读教育学术刊物、参加教育培训、与同行交流等方式，了解最新的教育理论和政策动向，并将这些理论和政策应用到自己的教学实践中，以提升教学效果。

这种角色的转变并不是对传统教师角色的彻底否定，而是一种对历史教学角色的继承与超越。通过将传统教学职责与现代教育理念相结合，教师能够更全面地参与学生的学习和个人发展过程，成为真正的教育创新者和领导者，在新课程理念指导下成为教学改革的核心力量。

第二节　中学语文教师的基本素养

中学语文教师既是知识的传授者，更是学生思维发展、道德塑造和综合素养提升的引路人。具备扎实的思想品德素养、丰富的学业知识素养以及广博的文化科学素养，是每位语文教师在教学实践中取得成功的关键。

一、思想品德素养

思想品德素养是中学语文教师职业素养的重要组成部分，直接影响教师的教学态度、行为规范以及对学生的教育效果。作为教育工作者，教师肩负着传授知识的重任，承担着塑造学生思想品德的重要责任，只有具备良好的思想品德素养，才能在教育岗位上为学生树立榜样，培养他们的道德品质和人文素养。教师的思想品德素养主要体现在以下方面，如图8-3所示。

热爱学生，促进学生成长

以身作则，树立典范 　　　　　　　　　　　　　　勤于学习，勇于创新

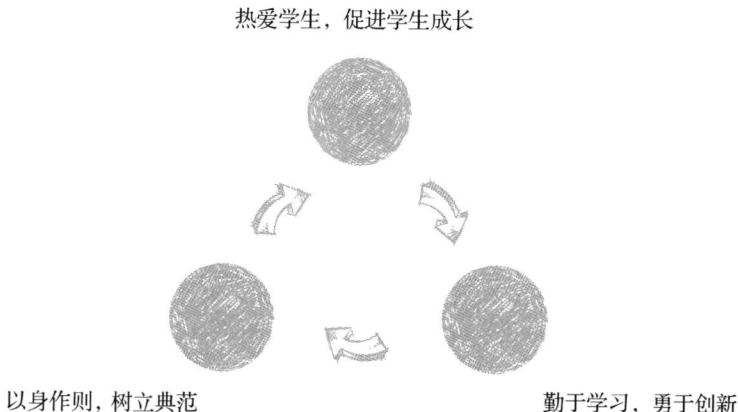

图 8-3　思想品德素养

（一）热爱学生，促进学生成长

热爱学生是教师职业道德的核心要求，也是教师开展教育工作的基础。语文教师与学生之间的关系不只是知识的传授者与接受者，更是一种关怀与被关怀的情感纽带，只有建立在真诚的情感基础上，教师才能真正走进学生的心灵世界，了解他们的需求与困惑，为学生提供有针对性的指导和帮助。

语文教师在日常教学中要时刻关注学生的成长需求，尊重学生的个体差异，以宽容和耐心对待每一位学生，特别是那些在学习上存在困难的学生。通过鼓励、支持和理解，教师能够帮助学生克服学习中的障碍，增强自信心，激发学习动机。还要引导学生形成良好的思想品德和正确的人生观，鼓励学生追求真、善、美，树立积极向上的生活态度，激发他们的潜力，帮助他们走向全面发展的道路。

（二）以身作则，树立典范

作为学生学习和成长的引路人，语文教师的一言一行都对学生有着潜移默化的影响，要通过自身的行为为学生树立道德典范。在教师日常教学中应注重言谈举止、待人接物的方式、处事态度等行为规范，在工作和生活中时刻保持高度的自律，展现出诚实、正直、宽容的品质。通过言传身教引导学生形成良好的行为习惯和道德意识。教师对待学术的严谨态度、对文学作品的深刻理解、对语言运用的精益求精等都会无形中影响学生的学习态度。在语文教学中要通过自身对知识的尊重和对教育的投入，激发学生对语文学习的兴趣和热情，培养他们对知识的求知欲和探索精神。

特别是对于处在青春期的中学生来说，教师的一言一行都极具影响力。中学

生正处于人生观、价值观和性格塑造的关键时期，极易受到周围人的影响，中学语文教师必须在道德、智慧、体育和审美等方面为自己设立高标准，展现出值得尊敬和效仿的人格特质，成为学生的正面引导者。

（三）勤于学习，勇于创新

在知识爆炸的时代背景下，教师作为知识的传递者要不断更新自己的知识库，吸收新的教育理念和学科知识，以确保能将最新、最有价值的内容传授给学生。在语文教学中，教师除掌握传统的语文教学内容外，还要掌握多媒体教学、网络教学等现代教育技术的应用，增强课堂的互动性和趣味性，激发学生的学习兴趣。语文教材中的文学作品往往蕴含着丰富的历史、文化内涵，教师需要通过广泛的阅读和深入的研究，提升自己对作品的理解能力和讲解水平。只有在深厚的文化积淀的基础上，教师才能够为学生提供更加深入、全面的文学赏析和语言训练。面对日益多样化的教育需求和学生个性化的发展需求，教师还要在教学实践中不断探索和创新。教师可以通过反思教学过程中的问题，尝试新的教学方法和策略，改进教学设计，提高教学效果。

二、学业知识素养

中学语文教师的学业知识覆盖的领域非常广泛，以确保他们在课堂上能够提供深度和广度兼备的教学内容。具体来说，中学语文教师的学业知识素养可以划分为语文专业知识素养、教育学知识素养以及文化科学知识素养三个主要部分，如图8-4所示。

图 8-4 学业知识素养

（一）语文专业知识素养

语文教师的专业知识素养是教学能力的核心基础，直接影响教学质量，主要包括语言学知识、文字学知识、文章学知识、文艺学知识四个方面。

1. 语言学知识

语言学主要研究语言的结构、功能和演变规律，涉及语音、语法、语义、语用等层面。掌握语言学知识有助于教师在教学中准确地解释和分析语言现象，并帮助学生更好地理解和掌握语言的使用规律，培养学生的语境意识和交际能力。语音学知识能够准确指导学生的发音，并解释语音现象背后的规律；语法学知识能够帮助学生掌握正确的语言表达方式，并引导学生通过句式分析、句法转换等练习，提升语言运用能力；语义学知识帮助学生理解词语的多义性、词语搭配的适切性以及句子意义的构建方式；语用学则关注语言的实际使用，研究语言在不同语境中的功能和效果，能够引导学生在特定语境中选择合适的表达方式，培养学生的语境意识和交际能力。

2. 文字学知识

文字学研究汉字的起源、演变、构造及使用规律，教师掌握文字学知识，能够更好地教授学生识字、写字，能够通过字源字理的讲解帮助学生深入理解汉字的文化背景和历史内涵。

汉字是中华文化的重要载体，具有独特的表意功能。教师在教学中通过对汉字形音义的深入解析，能够帮助学生理解汉字的构字规律和使用规范。教师还要具备古文字学的基础知识，了解汉字的起源及其在不同历史时期的演变过程。讲解古文或经典作品时，教师可以运用古文字学知识，解释文言文中的难字生字，使学生更好地理解古文的内容和形式，激发学生对汉字及其文化内涵的兴趣。

3. 文章学知识

文章学涉及文章的结构、修辞、文体特征及写作技巧等内容，掌握文章学知识有助于教师在教学中系统地指导学生的写作实践，并帮助他们理解和欣赏各种体裁的文章。教师在写作教学中运用文章学知识，能够引导学生理解文章的开头、发展、高潮、结尾等基本结构和逻辑关系，并通过实例分析帮助学生掌握文章的布局谋篇之道。同时，还要重视对比喻、夸张、排比、对偶等修辞手法运用的讲解，以便提升学生的语言表达能力和文章的感染力。文章学还涉及记叙文、议论文、说明文、散文等不同文体的特征和写作要求，教师要熟悉各种文体的特点，能够根据学生的具体情况设计相应的写作训练。在阅读教学中，教师同样需要运用文章学知识，帮助学生分析文章的结构和修辞技巧，理解文章的主题思想和情感表达，培养他们的阅读能力和审美情趣。

4. 文艺学知识

文艺学研究文学作品的创作、传播及接受过程，涉及文学理论、文学史、文学批评等方面，掌握文艺学知识有助于教师在教学中全面解读文学作品，引导学生深入领会作品的思想内涵和艺术魅力。文学作品是语文教学的重要内容，教师要运用文艺学知识帮助学生理解作品的主题思想、人物形象、情节结构及艺术手法，通过分析作品的叙述方式、象征意义、主题意象等引导学生深入挖掘作品的内涵，并通过比较不同作品之间的异同，培养学生的鉴赏能力。讲授文学作品时教师可以结合文学史的背景，介绍作家的生平、创作经历及其作品在文学史上的地位和影响，帮助学生更好地理解作品的时代背景和社会意义，提升他们的文学素养和文化认同感。

文学批评是文艺学的重要组成部分，教师可以通过引入形式主义、社会历史批评、心理批评等不同的文学批评方法，引导学生从不同视角解读作品，培养他们的批判性思维和多元化的文学视野，帮助学生在文学世界中形成属于自己的理解和感悟。

（二）教育学知识素养

教育学知识素养直接影响教学的设计、实施以及学生的学习效果，这一素养包括教育学知识、心理学知识和学科教育学知识三个方面。

教育学主要研究教育现象和教育问题，探索教育的本质、规律和方法。教师掌握教育学知识，可以为其教育实践提供理论支持，并帮助其理解教育的社会功能与价值。教师在教育过程中，需要对教育的目的、内容、形式、过程、方法等有全面的理解。通过掌握教育学知识，教师可以设计出科学合理的教学方案，使教育活动具有明确的目标和方向。教育学知识的应用还体现在教学反思和教学评价中，教师要反思教学过程中的问题，以便调整教学策略，提高教学效果，还要掌握科学的评价方法，评价学生的学习效果和自身的教学效果，以不断改进教学质量。心理学主要研究人的心理活动及其发展规律，帮助教师了解学生的心理特点，以便更有效地开展教育教学活动。教师掌握心理学知识能够更好地理解学生的心理需求和行为表现，并在教学中给予适当的引导和支持。发展心理学是教师必须掌握的一个重要领域，它研究个体从出生到成年各个阶段的心理发展规律。教师通过学习发展心理学知识能够了解学生不同年龄段的认知特点、情感变化和社会适应能力，设计符合其心理发展规律的教学活动，帮助学生顺利度过迷惘时期。教育心理学关注教师和学生之间的互动，教师掌握教育心理学知识，能够在教学中有效地调动学生的学习动机，帮助他们克服学习中的困难。对于语文教师来说，学科教育学知识包括语文学科的教学原理、教学方法、教学设计等内容，它能够帮助教师在教学中实现有效的教学目标，并通过科学的教学方法提升学生的语文素养。语文学科教育学知识要求教师掌握阅读、写作、口语表达等方面的教学策略。通过阅读教学使学生理解文本的内涵，培养批判性思维和审美能力；通过写作教学引导学生在写作中表达思想、展现个性；通过口语表达教学指导学生在各种情境中进行有效的口头表达，培养他们的语言交际能力。

（三）文化科学知识素养

中学语文教师要具备思维科学知识、社会科学知识、自然科学知识等广泛的文化科学知识体系，以全面提升教育质量和学生的综合素质。

思维科学知识涵盖逻辑性思维、创造性思维、批判性思维等方面，掌握思维科学知识对于语文教师而言尤为重要，因为语文学习的过程是对学生思维能力培养的过程。逻辑性思维能够帮助学生理解语言表达的内在逻辑关系，教师在教授文章结构、段落展开以及论证方法时可以运用逻辑性思维知识，引导学生梳理文本中的因果关系、比较对照等逻辑结构，使他们在写作中能够清晰、有条理地表达自己的观点。教师通过引导学生进行创意写作、自由联想、角色扮演等活动，能够激发学生的想象力和创造力，激发他们的创新思维。教师还要通过引导学生质疑、分析和评价文本中的观点，培养他们独立思考的能力，学会尊重和理解不同的立场，增强他们的社会责任感和公民意识。

语文教学在对文学作品的解读过程中，需要对社会现象、文化背景进行分析，语文教师要具备一定的社会科学知识，能够帮助学生在语文学习中理解和思考更广泛的社会问题。文学作品往往与特定的历史背景密切相关，教师通过历史知识的引入能够促进学生理解作品的时代背景和作者的创作动机。许多文学作品还会涉及社会制度、法律条文和政治事件，教师通过对这些内容的解读，可以帮助学生理解作者对社会现象的态度和立场。

虽然语文是一门人文学科，但许多文学作品涉及自然现象、科学原理或哲学思考，自然科学知识的融入能够帮助学生更好理解作品中的科学思想，培养他们的科学素养和理性思维。讲解与自然现象相关的文学作品时，教师可以引入相关的科学知识，帮助学生更好地理解作品中的描述和意象。例如，解读《荷塘月色》时，教师可以结合天文学知识讲解月亮的运行规律和光影变化，帮助学生体会文章的意境美和作者的情感表达。科学与文学的交融有利于拓宽学生的知识视野，教师要引导学生多关注人工智能、生物科技等先进技术的发展，通过课堂讨论、写作等方式帮助学生将文学的情感表达与科学的理性思考结合起来，培养他们跨学科的综合素养。

第三节　中学语文教师教学能力的提升

中学语文教师需要不断提升教学能力，以适应多元化的教学需求和学生发展的需要。通过课堂教学组织能力、评价学生学习的能力、教学设计能力、科学研究能力等方面能力的提升，教师能够在教学实践中不断创新，助力学生的全面发展。

一、课堂教学组织能力

语文课堂教学的组织能力指施教者在语文（语言、文章、文学）中引导受教者将教学任务、教学环节、教学进度等有机地联系起来，并灵活、恰当地运用各种教学技巧，使语文课堂形成和谐的"教学共振"的能力。[①] 课堂教学是师生互动、情感交流和思维碰撞的场所。教师的课堂教学组织能力对课堂的有序性、学生学习的积极性和参与性等具有重要影响。教师的课堂组织能力主要体现在教学语言能力和课堂组织能力两个方面，如图 8-5 所示。

教学语言能力　　　　　　　　　　　课堂组织能力

图 8-5　课堂教学组织能力

（一）教学语言能力

教学语言能力是教师在课堂上进行知识传递、思想交流和情感表达的基础。语文教师的教学语言能力主要体现在语言的准确性、规范性、生动性和感染力等

---

① 杨道麟.美学视野下的语文教育价值略论［J］.西藏民族大学学报（哲学社会科学版），2022（6）：117-123.

方面。教学语言的准确性要求教师在课堂上能够用词准确，表达清晰，避免歧义和误导。在语文教学中教师常常需要对语言现象、文学作品进行深入的剖析，这要求教师的语言表达必须逻辑严密、层次分明，能够清晰地传递教学内容，使学生在听讲过程中能够准确地把握知识点，帮助学生更好地理解复杂的语言结构和文学作品的内涵。

教师在课堂上一定要使用规范性的语言，必须符合汉语的语法规范和表达习惯，避免使用方言、俗语等非标准语言，以保证学生在学习中能够接触到规范、标准的语言表达。教师要注意语音和语调的准确性，特别是在朗读文学作品或示范发音时，教师的发音和语调必须规范。语文教师的语言还要具有生动性和感染力，以便增强课堂的吸引力。生动的语言能够通过比喻、拟人、夸张等修辞手法使抽象的知识变得具体、生动，使文学作品中的情感和意象更加鲜活。教师在讲解诗歌或小说时，可以通过生动的语言描绘场景、塑造形象，使学生在想象中体验到文学的魅力。教师在讲解文学作品过程中，要通过语气、语调的变化等传递作品中的情感，使学生在听讲的过程中产生共鸣。比如，讲解悲剧作品时，可以通过低沉的语调、缓慢的节奏，营造出沉重的氛围，帮助学生体会作品的悲剧性和情感深度。通过情感丰富的语言表达，教师能够在课堂上营造出情感共鸣的氛围，增强学生对作品的理解和感受。

（二）课堂组织能力

在语文课堂中，教师要充分调动学生的积极性，组织他们参与到课堂活动中，以达到最佳的教学效果。课堂组织能力的核心在于教师能够灵活应对课堂上的各种情况，创造一个有序而充满活力的学习环境。语文课堂往往涉及大量的讨论、朗读、写作等活动，需要教师在课堂上有序的组织和引导。教师应制定明确的课堂规则并在教学过程中严格执行，以维持课堂纪律，确保每位学生都专注于学习。教师要通过合理的时间管理来控制课堂节奏，避免课堂时间的浪费，并帮助学生合理安排学习时间。在课堂教学中，学生的反应往往难以预测，教师要根据具体情况灵活应对。当学生提出与教学内容相关但超出预设的问题时，教师应根据情况及时调整教学计划，给予学生充分的解释和讨论空间，避免因僵硬的教学流程而错失学生的学习兴趣和求知欲。教师还要具备应对如课堂设备故障、学生纪律问题等突发情况的能力，能够冷静、迅速地处理，维持课堂的有序进行。

教师的课堂组织能力还体现在对学生的有效激励和引导上，教师应通过角色扮演、课堂讨论等多样化的教学方法，激发学生的学习动机，促进他们积极参与课堂活动，调动学生的思维和表达能力，以增强课堂的互动性。在课堂上，当学生发表独特见解或出色完成任务时，教师应适时地进行鼓励和表扬，以激发学生的学习热情，增强他们的自信心和成就感。

在语文课堂中，教师应整合多媒体设备、网络资源、课外读物等多种教学资源，丰富课堂内容，增强教学的多样性。例如，通过播放相关的影视片段、展示图片或运用 PPT 帮助学生直观理解教学内容，增强学习的趣味性和互动性。还可以鼓励学生利用网络资源进行课前预习或课后延伸学习，促进学生自主学习能力的发展。

二、评价学生学习的能力

有效的评价能够帮助教师了解学生的学习情况，引导学生发现自身的优点与不足，提升学习效果。教师评价学生学习的能力包括设计练习的能力、处理作业的能力以及综合评价的能力三个方面（见图 8-6），每个方面都需要教师具备专业的技能和敏锐的观察力。

图 8-6　评价学生学习的能力

（一）设计练习的能力

设计合理的练习不但能够检测学生对知识的掌握情况，还可以巩固所学内容，帮助学生形成稳固的知识结构。语文教师设计练习要充分考虑学生的认知水平和学习进度，确保练习题目既有针对性，又能激发学生的学习兴趣。设计阅读练习时，要挑选能够激发学生思考的文本，使练习有助于学生思维能力的提升，培养他们的创新精神和个性；写作练习的设计应让学生有充分的空间思考问题，利用学生的日常生活经验，培养其人格的全面发展；口语交际的练习设计要注重学生口语的规范性和交际能力的提升，日常教学过程中要注意创设多样的交流情境，鼓励学生在自然环境中进行口语实践。设计练习时要考虑其趣味性和挑战性，注重对学生语言应用能力和文学审美能力的培养。教师可以通过设计开放式的作文题目，让学生自由发挥或者通过阅读理解题引导学生深入思考文章的主题和情感表达，这样既能检验学生的语文知识掌握的情况，还能够激发学生的学习兴趣，使他们在练习中体验到语文学习的乐趣。

练习的目的是检测学生的学习情况，更重要的是通过反馈帮助学生改进学习方法和提高学习效果。教师可以在练习题中设置思考题或自评题，引导学生进行自我反思，发现学习中的问题，并提出改进措施，以促进学生的自主学习，提升他们的学习效果。

（二）处理作业的能力

作业既是学生课堂学习的延伸，也是教师了解学生学习状态、发现教学问题的重要途径。语文教师在处理作业时要具备对作业的批改、反馈和分析等能力，能够指出学生的不足之处，并特别关注学生在作业中展现出的创新点，同时提高作业批改的互动性，引导学生找到作业改进的方法。语文作业特别是作文、阅读理解等类型的作业，需要教师在批改时根据学生的表达能力、语言运用、思维逻辑等方面进行全面、细致的评价，在批改过程中注意标注学生的错误和不足之处，并给予明确的修改建议。及时批改作业并反馈给学生，有助于学生在短时间内发现并改正错误，提高学习效果。教师的反馈应具有针对性和建设性，可以通过评语、面对面的沟通、课堂讲评等方式向学生反馈作业，帮助学生明确努力方向，使学生能够清楚地了解到自己的缺点，进而在后续的学习中加以改进。

教师通过对学生作业的整体分析，能够发现学生在学习中普遍存在的问题，并以此为依据调整教学计划。例如，教师在分析学生的阅读理解作业时，如果发现多数学生在理解文章主旨或分析人物性格方面存在困难，那么可在后续的教学中加强相关内容的讲解和练习，这种基于作业分析的教学调整有助于提高教学的针对性和有效性，帮助学生克服学习中的困难，提升整体学习效果。

（三）综合评价的能力

综合评价涵盖对学生学业成绩、学习态度、学习习惯、思维能力等方面的评价，语文教师在进行综合评价时，需要从多个维度出发，客观、全面地反映学生的学习情况，为学生的进一步发展提供指导和帮助。

语文教师评价学生的学业成绩时，不能依靠一次考试或一次作业的成绩，而应结合学生在课堂表现、平时作业、考试成绩等方面的表现进行综合评定。教师要多关注学生的进步情况，既要看到学生的优点，也要关注学生在学习中的薄弱环节，帮助学生认识到自身的学习水平，并引导他们在后续学习中有针对性地进行提升。教师进行综合评价时要对学生是否积极参与课堂讨论、是否认真完成作业、是否具备良好的阅读和写作习惯等学习态度和习惯方面进行评价，帮助学生认识到良好学习态度和习惯的重要性，引导他们在学习过程中形成积极、主动的学习习惯。

在语文教学中，教师除关注学生的语言表达能力，还要关注学生的思维能力，特别是批判性思维和创造性思维的培养。综合评价中应通过对学生作文、讨论发言、阅读理解等方面的表现，评估学生的思维深度和广度。教师可以通过设置开放性问题、鼓励学生发表独立见解等方式培养学生的批判性思维能力，并在评价中给予适当的激励和指导，以促进学生思维能力的发展，帮助他们在语文学习中形成独立思考、深度思考的能力。

三、教学设计能力

教学设计能力是中学语文教师专业发展的核心能力之一，它直接关系到课堂教学的效果和学生学习的质量。一个优秀的语文教师除具有扎实的学科知识，还要具备选择教学策略的能力、确定教学目标的能力、教学过程的规划能力等教学设计能力，如图 8-7 所示。

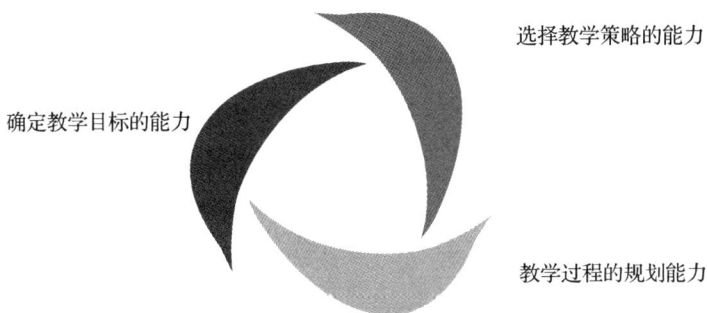

选择教学策略的能力

确定教学目标的能力

教学过程的规划能力

图 8-7　教学设计能力

（一）选择教学策略的能力

语文教学内容丰富多样，涵盖阅读、写作、口语表达等领域，因此，教师在选择教学策略时需要考虑多方面因素，以达到最佳的教学效果。

教师选择教学策略时，需要深入理解教学内容的性质。不同的语文内容适合不同的教学策略。例如，教师教授阅读理解时，可以选择启发式教学，通过设问引导学生思考文本的深层含义；在作文教学中，教师可以选择任务驱动型策略，通过设计实际写作任务，激发学生的创作兴趣并培养写作能力。学生的认知水平和学习风格也是教师选择教学策略时必须考虑的重要因素。每个学生在学习上都有不同的基础和需求，教师应根据学生的个体差异选择适合他们的教学策略。对于理解能力较强的学生，教师可以采用讨论式教学，鼓励他们在互动中深入思考；对于基础较为薄弱的学生，教师可以采用逐步引导的方式，通过示范和讲解帮助他们建立语文学习的信心。现代教育提倡以学生为中心，强调学生的自主学习和创新思维。因此，教师在选择教学策略时应考虑能否激发学生学习兴趣、促进学生主动参与。适合的教学策略能够在语文课堂中营造出积极、互动的学习氛围，促进学生的全面发展。

（二）确定教学目标的能力

中学语文教师在设定教学目标时，需要根据课程标准和学生的实际情况来确定具体的教学目标，确保其既符合课程要求，又具有可操作性和可测量性，确保教学活动能够有的放矢地展开。

一方面，课程标准是教学设计的基础，它规定了学生在每一学段、每一课程模块中应达到的学习要求。语文教师设计教学目标时需要仔细研究课程标准中的目标描述，并将其转化为具体的教学目标。另一方面，每个学生在知识基础、认知能力、学习兴趣等方面都存在差异，教师设计教学目标时必须考虑这些差异，设置符合学生发展水平的教学目标。对于学习基础较好的学生，教师可以设置较高的理解和分析目标，鼓励他们在学习中挑战自我；对于学习基础薄弱的学生，教师则可以设置分层目标，帮助他们逐步掌握基础知识，并在此基础上实现进一步的发展。通过设定分层次的教学目标，教师能够确保所有学生在语文学习中都能有所收获。

（三）教学过程的规划能力

一个好的教学过程应当层次分明、环环相扣，使学生能够在循序渐进中逐步理解和掌握所学内容。教学过程的规划需要明确教学的核心环节。对于语文课堂而言，教学过程通常包括导入、新授、巩固、总结等基本环节，每个环节都承担着不同的教学任务，在整体教学设计中扮演着不可或缺的角色。教学过程中要强调师生之间的双向交流，教师可以通过提问、讨论、小组合作等方式，引导学生主动参与课堂活动，并在互动中不断深化对学习内容的理解。教学过程的规划还要合理安排时间，确保每个教学环节都能够顺利完成。时间的分配要考虑到内容的难易程度、学生的接受能力以及课堂的实际情况。设计教学过程时，教师应预留足够的时间进行教学内容的巩固和复习，确保学生能够在课堂上真正掌握所学知识。

教学设计不是对单一课时的规划，还需要从整体教学目标出发，对整个学期或单元的教学过程进行系统设计。每一节课的教学设计应在整体规划的基础上进行，保证教学内容的连贯性和系统性。例如，在进行单元教学设计时，教师可以先确定单元的总体目标，然后将目标分解到每一节课的具体内容中，逐步推进，最终实现整个单元的教学目标。

四、科学研究能力

中学语文教育领域，科学研究能力既是提升教学质量的重要手段，也是教师专业成长的关键因素。为了适应新课程改革的要求，中学语文教师需要将教学与科研紧密结合，通过科学的研究方法来深化教学理论与实践的联系，以此促进教学方法的创新和教学效果的提升。科学研究能力的培养包括选题定向能力、调查研究能力、收集资料能力、开展实验能力、总结经验能力、反馈验证能力和撰写论文能力多个方面，从选题定向到撰写论文，每个环节都需要教师具备扎实的理论基础和实践经验。如图 8-8 所示。

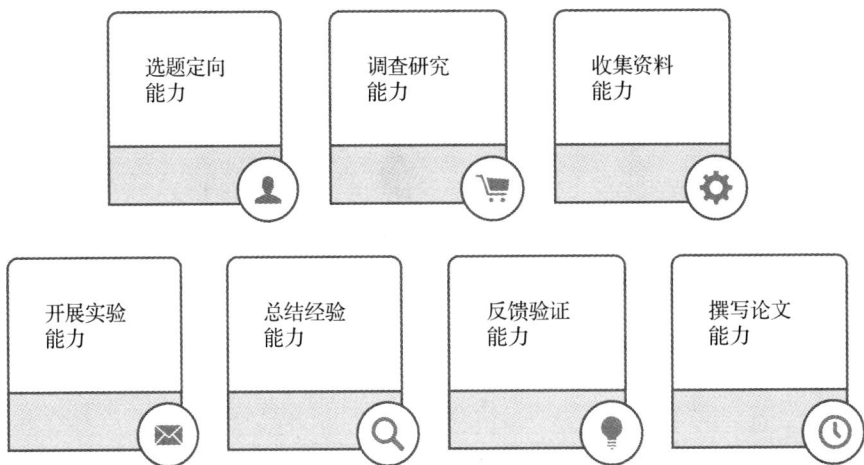

图 8-8　科学研究能力

（一）选题定向能力

选题定向既是科学研究的起点，也是教师开展研究工作的首要任务。中学语文教师在选择研究课题时应基于教学实际需求，综合考虑学术动态、研究条件及个人素养，挑选具有实际意义和应用价值的课题。这一过程要求教师关注教育理论的前沿动态，深入了解学科发展的趋势和学生学习的实际需要。

选题定向能力要求教师具备敏锐的观察力和发现问题的能力，从日常教学实践中发现学生的学习困惑、教学方法的不足以及课堂管理中的挑战。通过对这些问题的深入分析，确定研究的方向，选择具有研究意义的课题。教师要具备对教育理论的理解能力，结合教育学、心理学等相关学科的理论知识对选题进行理论上的支撑和阐释。只有在理论上具有一定的创新性和科学性的选题，才能为研究的深入展开奠定坚实的基础。

（二）调查研究能力

调查研究是科学研究的重要环节，通过调查，教师可以获取大量的一手资料，为研究提供数据支持。调查研究要求教师具备设计调查方案、实施调查和分析调查结果的综合能力。

第一步，设计调查方案。教师要掌握观察法、访谈法、问卷调查等多种数据收集和分析方法，系统地收集与分析教学现状来设计调查方案。调查方案设计时需要考虑调查的科学性和可操作性，确保能够获取有效的数据。

第二步，实施调查。教师需要严格按照调查方案执行，实施过程中要保持客观、公正，避免对调查对象施加任何影响。教师还应注意保护调查对象的隐私和权益，确保调查的伦理性。

第三步，分析调查结果。教师需要对获取的数据进行整理、分析，找出数据间的关系和规律，发现教育教学中的问题所在，并为后续的研究提供依据。

（三）收集资料能力

收集资料是科学研究过程中不可或缺的环节，教师需要通过多种途径获取与研究主题相关的资料，以丰富研究的内容和深度。教师可以通过查阅学术期刊、专著、会议论文等途径获取与研究主题相关的文献资料，为研究提供理论支持，帮助教师了解国内外相关领域的研究动态和成果。教师可以通过走访学校、家庭、社区等场所实地考察，了解实际的教育教学情况。实地考察能够获取第一手资料，帮助教师深入理解教育教学中的实际问题，为研究提供更真实的背景和依据。网络资源的利用也是现代教师收集资料的重要手段。通过网络，教师可以快速获取国内外的最新研究成果、教育政策以及各类教学资源。需要注意的是，教师利用网络资源时需要具备信息筛选和辨别能力，确保所收集的资料具有权威性和可靠性。

（四）开展实验能力

开展实验是科学研究的重要环节，能够为教育教学提供科学的验证和实证支持。教师在开展实验时需要具备实验设计、实验实施和实验数据分析的综合能力。

实验设计是开展实验的第一步，教师需要根据研究的目的和假设，制订详细的实验方案。实验方案包括实验的对象、变量、操作程序和评价标准等内容，教师要确保实验的科学性和可控性，避免实验中干扰因素对结果的影响。在实验实施过程中，教师要严格按照实验方案执行，记录实验的全过程，确保数据的准确性和完整性。实验实施过程中教师可能会遇到各种不可预见的情况，这时其需要具备灵活应对的能力，以确保实验顺利进行。实验数据分析是实验研究的最终步骤，而教师需要对实验过程中获得的数据进行整理和分析，验证研究假设，得出科学结论，为后续的教育教学提供依据。

（五）总结经验能力

教师总结经验时应从研究的全过程出发，回顾选题、调查、实验等各个环节，发现研究中的成功经验和不足之处，明确研究中的亮点和创新点，同时能够发现研究中的局限性和问题。总结经验不但是对研究成果的概括，更是对研究过程的反思，教师应当结合教育理论和教学实践，深入思考研究中的每一个环节，从中提炼出具有普遍意义的经验和方法，为未来的教学提供指导。

（六）反馈验证能力

教师在研究完成后应通过课堂实践、同行评议、学生反馈等途径对研究成果进行反馈验证，以了解研究成果在实际教学中的应用效果以及可能存在的问题。分析反馈是反馈验证的关键，教师需要对获取的反馈信息进行整理和分析，从中发现研究成果的优点和不足，明确研究成果的应用范围和适用条件，为后续的研究提供改进方向，确保研究成果的科学性和实用性，为教学实践提供更有效的支持。

（七）撰写论文能力

撰写论文既是科学研究的最后一步，也是研究成果的集中体现。教师撰写论文时需要遵循学术论文的引言、文献综述、研究方法、研究结果、讨论和结论等基本结构，每个部分都需要清晰地展示研究的目的、过程和结果，以确保论文的逻辑性和完整性。论文的语言要简洁，能够准确描述研究内容，要注意使用规范的学术语言，避免过于口语化或模糊地表达，能够将研究成果清晰地传达给读者。

第四节 中学语文教师职前教育与职后教育一体化

职前教育为教师奠定了坚实的理论基础和初步的教学技能，而职后教育则在教师的实际教学过程中提供持续的支持与指导，帮助他们不断提升自己的教学水平。通过职前职后一体化教育的实施，能够确保教师在职业生涯的各个阶段获得系统、持续的专业发展，进而推动语文教育质量的全面提升。

一、职前教育与职后教育的衔接性

在当前教育改革的背景下，中学语文教师的培养已不再局限于职前教育或职后培训的单一环节，而强调两者之间的有机衔接，以实现教师专业素养的全面提升和持续发展。职前教育主要集中在教师的基础理论学习和初步实践能力的培养，而职后教育更关注教师在教学实践中的问题解决和能力提升，两者的衔接性是教师职业生涯发展的关键环节，也是教育质量提升的基础。

职前教育侧重于教育理论、语文知识、教学法等基础知识的学习，这些是未来教师在实际教学中必须掌握的核心内容。然而，仅有理论的学习远远不够，为了确保这些理论能够有效地转化为实践能力，职前教育必须与实践紧密结合。通过课堂观察、教育实习等方式，职前教育阶段的教师可以将所学的理论知识应用于实际教学中，形成初步的教学技能和经验，有助于巩固理论知识，更清楚地了解课堂管理、教学组织等实际教学中的挑战和问题。职后教育是对职前教育实践部分的深化与补充。教师在实际工作中遇到的具体问题往往是职前教育阶段无法完全预见的，这需要在职后教育中通过进一步的培训和学习来帮助教师解决这些实际问题，并提升其应对复杂教学情境的能力。职后教育可以通过案例分析、研讨会等形式，针对教师在教学中遇到的难题进行深入探讨并提供解决方案和策略，让教师在理论与实践的结合上不断提升。职前教育阶段，教师往往接受的是传统的教育理念和教学方法，这为他们日后的教学打下了坚实的基础。但教育理念和教学方法并不是一成不变的，需要随着时代的发展而不断更新和创新，职后教育在这一过程中发挥着至关重要的作用。职后教育需要帮助教师巩固职前教育中所学的基础知识，要引导他们吸收和理解最新的教育理论及教学方法，使其能够在实际教学中灵活运用。这种衔接性使教师能够在传统教育理念的基础上逐步形成自己独特的教学风格，并不断进行教学创新。随着信息技术的快速发展，数字化教学已成为现代教育的重要组成部分。职前教育可能只涉及数字化教学的基础知识，而职后教育可以通过专题培训、网络课程等形式，深入探讨如何利用数字化工具提高教学效果，帮助教师实现教学理念的更新与创新。

教师的职业发展是一个连续的、系统的过程，职前教育和职后教育的衔接性体现在职业发展的各个阶段。职前教育为教师的职业生涯奠定了基础，而职后教育是对这一基础的不断巩固和拓展，确保教师在职业生涯的不同阶段都能获得必要的知识和技能支持。职前教育阶段，教师主要接受系统的学科知识和教学技能培训，为其进入教学岗位做好准备。进入工作岗位后，教师面临着更为复杂和多样的教学情境，需要不断调整和提升自己的教学能力。职后教育正是在这一过程中发挥作用的，通过持续的学习和培训，帮助教师应对新的教育挑战和职业发展需求。

在职前职后教育的衔接过程中，学习资源的共享与优化是关键环节。职前教育阶段的学习资源通常包括教材、课堂讲义、实践案例等；职后教育更多地依赖于工作中的实际案例、同事间的经验分享以及专业的培训资源。如何将两类资源有效整合是实现职前职后教育衔接的一个重要方面。职前教育可以通过建立资源共享平台，将课堂教学资源、实习经验等内容提供给职后教师，使他们能够及时获取最新的教育研究成果和教学方法。与此同时，职后教育中积累的教学案例、经验总结也可以反馈到职前教育中，为职前教育的课程设计和实践教学提供参考和支持。通过资源的共享与优化，能够提升教师教学的整体水平，促进教师之间的交流与合作，形成良好的教学研讨氛围。

二、职前职后一体化教育的路径

职前职后一体化教育不是将职前教育和职后教育两者简单结合，而是通过科学的路径设计，使教师在职业生涯的各个阶段都能获得持续的专业支持与成长。具体来说，需要通过以下路径来实现，如图8-9所示。

（一）构建一体化的课程体系

职前教育阶段，教师的专业课程往往集中在学科知识、教育学、心理学等理论基础上，而职后教育应注重实际教学中的问题解决和专业素养的深化。要实现一体化，课程设计应在职前阶段就注入实践性，并在职后阶段延续并深化这些实践。

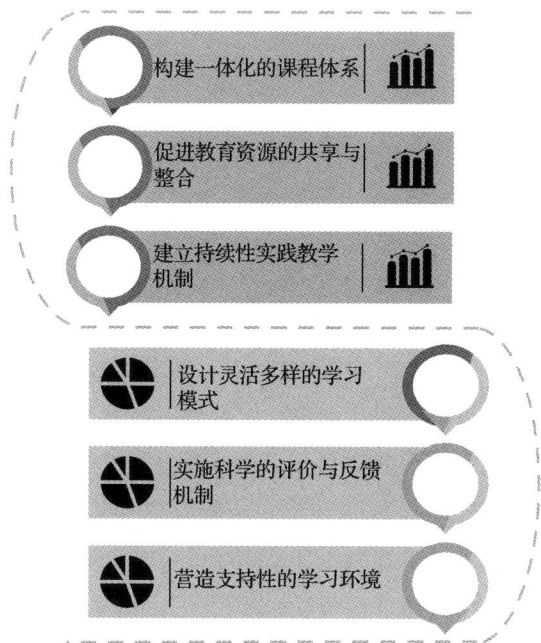

图 8-9　职前职后一体化教育的路径

在职前教育中，课程应包含大量的实习、见习机会，并与理论学习紧密结合。未来教师通过参与实际的教学活动，能够更好地将学到的理论应用于实践，形成初步的教学能力。这种实践性学习为职后教育奠定了基础，使职后培训不再是对理论的重复，而是对实践的反思与提升。在职后教育中，课程设置应继续沿用职前教育中涉及的基本教学理念和方法，但更侧重于解决教师在实际教学中遇到的具体问题。课程设计需要具有一定的灵活性，能够根据教师的不同需求提供个性化的学习方案。可以通过设立专题研讨会、教学工作坊等形式帮助教师在实际教学中不断调整和优化自己的教学策略。

（二）促进教育资源的共享与整合

职前教育中积累的案例分析、教材设计、教学视频等丰富教学资源，应该通过各种平台共享给职后教师，反之亦然。资源的整合与共享能够提升教学资源的利用率，促进教师在不同职业阶段的互助与合作。

建立资源共享平台是实现资源整合的有效途径，通过这一平台，职前职后教师可以共享各自的教学成果、研究资料、教学反思等。职前教师可以从职后教师的实践经验中汲取养分，职后教师可以借助职前教育阶段积累的理论资源进行更深层次的教学研究。通过双向互动，资源的共享不再是停留在表面，而是实质性地推动教师的专业成长。职前教育的课程设计应不断吸纳职后教育中的最新实践成果，而职后教育应基于职前教育阶段的发展变化，进行相应的内容调整。通过动态的资源整合，职前职后一体化教育能够更好地适应教师职业发展的需要。

（三）建立持续性实践教学机制

在职前教育中，实践教学的比重应逐步增加，让未来教师能够在实战中积累经验，培养实践反思能力。在职后教育中，实践教学更应作为主要的学习方式，通过不断的教学实践来检验和改进教学理论与方法。职前教育阶段的实践教学包括常规的课堂教学实习，还要融入课题研究、教学设计比赛、课堂观摩等多种形式的教学活动，促使未来教师更全面地了解教学的各个环节，为未来的职后教育奠定实践基础。职后教育阶段的实践教学更加注重实效性和针对性。教师可以通过参与教学研究项目、行动研究等方式在实际教学中不断反思和改进自己的教学方法。学校和教育部门可以通过组织课堂教学评比、公开课展示等活动为教师提供展示和交流的平台，在实践中实现教学能力的提升。

（四）设计灵活多样的学习模式

职前职后一体化教育不仅体现在课程内容和实践教学上，还需要在学习模式上进行创新。灵活多样的学习模式能够更好地适应教师的职业发展需求，确保教师在不同的职业阶段都能根据自己的需要进行学习与提升。

职前教育阶段的学习模式应注重个性化和选择性，学生可以根据自己的兴趣和职业发展方向，选择不同的学习模块和实践活动，帮助未来教师在进入工作岗位前形成自己独特的教学风格和专业特长。职后教育需要结合教师的工作实际，提供在线课程、网络研讨会、虚拟课堂等更具灵活性的学习方式，为教师提供便捷的学习途径，帮助他们在繁忙的教学工作中进行持续学习。职后教育中的学习模式还要注重团队合作，通过教师间的交流与合作，共同探讨教学中的难题，分享教学经验。

（五）实施科学的评价与反馈机制

通过对职前教育和职后教育的定期评价，能够及时发现教育中的问题，并根据反馈进行调整，确保教育的持续优化与改进。职前教育阶段的评价应侧重于学生的综合素质考查。除传统的笔试和课程作业外，还应通过教学实习、课堂表现等多维度进行评价，以全面了解学生的学习潜力。评价结果应及时反馈给学生，使其能够在学习过程中不断改进自己的学习策略与方法。职后教育的评价应更加注重实践效果。通过课堂观察、学生反馈、同事评价等方式评估教师在实际教学中的表现。评价应具有建设性和指导性，帮助教师认识到自己的不足，并提出切实可行的改进建议。职后教育的评价结果也应反馈到职前教育中，以此为依据调整职前教育的内容和方法，实现职前职后教育的无缝衔接。

（六）营造支持性的学习环境

无论是职前教育还是职后教育，学生都需要在一个良好的学习环境中成长，包括物质条件的保障和精神层面的支持与激励。在职前教育中，学校应为学生提供良好的学习条件和实践机会，通过优质的教学资源和教师团队，帮助学生打下坚实的理论和实践基础。职后教育阶段，学校和教育部门应为教师提供教学研究基金、进修机会、职业发展规划等持续支持，帮助教师在职业生涯中不断提升自己的专业水平。为营造支持性的学习环境，还应建立教师间的互助合作机制，通过组织教学团队、开展集体备课、实施导师制等方式促进教师间的交流与合作，共同解决教学中的难题，实现教学经验的共享与积累。

参考文献

［1］郭威. 初中语文教学的实践和思考［M］. 长春：吉林人民出版社，2022.

［2］黄丽玉. 初中语文教学知与行［M］. 上海：同济大学出版社，2022.

［3］陈丽，邬元萍. 初中语文教学与课堂策略研究［M］. 长春：吉林人民出版社，2021.

［4］陈西春. 初中语文教学与高效课堂策略探索［M］. 长春：吉林人民出版社，2021.

［5］刘金生，张莉敏，杨兰萍. 初中语文教学课堂设计探究［M］. 长春：吉林人民出版社，2020.

［6］马艳林，戚明亮. 文化传承视角下的初中语文教学课例［M］. 徐州：中国矿业大学出版社，2022.

［7］杨世平. 新课改下初中语文教学艺术谈［M］. 长春：吉林人民出版社，2019.

［8］杜迤. 初中语文教学高效策略［M］. 银川：宁夏人民教育出版社，2016.

［9］孙德玉. 探寻初中语文教学之路［M］. 成都：电子科技大学出版社，2014.

［10］蒋文学，张英飞，何永生. 初中语文这样教（下）［M］. 武汉：长江文艺出版社，2020.

［11］薛仲玲. 初中语文新课程教学与研究［M］. 长春：吉林人民出版社，2021.

［12］刘涛. 构建初中语文高效课堂，增强初中语文教学效果［J］. 考试周刊，2023（43）：72-75.

［13］黄松月. 初中语文分层教学探究［J］. 考试周刊，2023（41）：29-34.

［14］刘宪计．初中语文作业的优化设计［J］．学周刊，2023，34（34）：154-156.

［15］赵爱旭．初中语文文本细读策略［J］．学周刊，2023，13（13）：106-108.

［16］王希．初中语文整本书阅读教学的开展［J］．中学语文，2024（15）：14-16.

［17］陶祥．初中语文教学中的文化自信培养［J］．中学语文，2024（14）：12-14.

［18］王二群．信息化背景下的初中语文教学［J］．中学语文，2024（14）：15-17.

［19］于学英．初中语文整本书阅读教学研究［J］．教育实践与研究，2024（14）：12-14.

［20］李艳翠．初中语文语境教学初探［J］．品位·经典，2022（9）：166-169.

［21］周洪艳，袁海员．如何突破初中语文作文教学的"瓶颈"［J］．江西教育，2024（11）：28-29.

［22］白晓明．初中语文读写结合教学探讨［J］．中学语文，2024（11）：7-9.

［23］谢建丰．初中语文实施单元整体教学的思考［J］．中学语文，2024（12）：20-21.

［24］王亚，郭闻．"双减"政策下的初中语文作业设计［J］．中学语文，2024（11）：101-102.

［25］马锦，高玉芳．初中语文阅读教学研究［J］．华夏教师，2022（8）：52-54.

［26］韩全良．初中语文多文本阅读的教学实践［J］．中学语文，2024（9）：47-48，96.

［27］黄鹤．初中语文有效教学的生成与实施研究［J］．中华活页文选（教师版），2024（6）：115-117.

［28］张晓洁．初中语文大单元教学实践探索［J］．基础教育论坛，2024（4）：50-52.

［29］马良英．基于"双减"的初中语文作业创新探索［J］．学周刊，2024，3（3）：107-109.

［30］蒋艳萍. 浅议新课标下的初中语文阅读教学［J］. 中学教学参考，2024（3）：19–21.

［31］罗宁. 初中语文个性化阅读教学探究［J］. 陕西教育（教学版），2024（3）：60–61.

［32］陈艳芳. 初中语文实践活动型作业设计［J］. 中学语文，2024（2）：96–98.

［33］陈晓花. 借助情境创设，优化初中语文教学［J］. 中学语文，2022（21）：8–9.

［34］陈红. 刍议初中语文教学评价的多元化［J］. 中学语文，2024（2）：93–95.

［35］黄丽萍. 初中语文跨学科阅读教学研究［J］. 基础教育论坛，2024（1）：75–77.

［36］阳志雄. 初中语文课堂读写结合作业设计［J］. 天津教育，2024（1）：141–143.

［37］方德菊，毛锦坤. 初中语文口语教学实践策略［J］. 云南教育（中学教师），2023（C1）：44–45.

［38］王欣艳. 初中语文阅读教学［J］. 读天下，2020（14）：167.

［39］裴银满. 初中语文教学探究［J］. 甘肃教育，2020（10）：68.

［40］马云霞. 初中语文情感教育探析［J］. 科学咨询，2021（50）：159–161.

［41］刘月. 初中语文课堂提问有效性的思考［J］. 新教育时代电子杂志（教师版），2023（43）：44–46.

［42］孙迪. 初中语文写作能力培养策略探究［J］. 考试周刊，2023（37）：41–44.

［43］黄慧萍. 初中语文单元整合教学的实践研究［J］. 学苑教育，2023（34）：40–42.

［44］颜丽丽. 初中语文诵读教学策略浅析［J］. 考试周刊，2023（34）：64–67.

［45］戴倩倩. 初中语文教学设问导学例谈［J］. 中学语文，2023（35）：32–33.

［46］张洪灿. 初中语文教学现状及改进措施［J］. 教育实践与研究，2023

（35）：18–19.

［47］周金红．"大数据"思维下的初中语文教学［J］．江西教育，2023（31）：32–33.

［48］叶长宽．初中语文思辨性阅读的教学开展［J］．中学语文，2023（33）：22–23.

［49］苏美玉．初中语文教学中诗歌意境赏析［J］．学周刊，2023，32（32）：142–144.

［50］张烨．浅析初中语文阅读教学优化策略［J］．名师在线，2023（27）：85–87.

［51］胡小明．初中语文多元化教学模式分析［J］．名师在线，2023（27）：33–35.

［52］黄娜虹．初中语文体验式阅读教学策略［J］．天津教育，2023（26）：165–167.

［53］伍希琳．初中语文文本解读探略［J］．中学语文，2023（26）：70–71.

［54］孙博．打造初中语文高效课堂，增强初中语文教学效果［J］．读与写，2021，18（21）：37.

［55］刘晓欢．初中语文作文指导与阅读教学［J］．新教育时代电子杂志（学生版），2023（24）：127–129.

［56］诸文君．信息技术与初中语文教学的融合思考［J］．中学语文，2023（23）：91–93.

［57］刘薇．提升初中语文写作表达能力的方法［J］．新课程教学（电子版），2023（24）：97–98.

［58］白军刚．关于初中语文阅读教学的几点思考［J］．学周刊，2023，21（21）：112–114.

［59］龚卫东．浅谈初中语文写作教学的策略［J］．中华活页文选（教师版），2023（23）：64–66.

［60］郑家琴．初中语文真情作文教学初探［J］．安徽教育科研，2023（23）：30–32.

［61］苏凤云．初中语文朗读教学的开展策略思考［J］．学苑教育，2023（22）：52–53，56.

［62］徐华．初中语文读写结合教学的策略探究［J］．中华活页文选（教师

版），2023（19）：109-111.

［63］余盛凤. 浅析如何打造初中语文高效课堂［J］. 考试周刊，2023（19）：17-22.

［64］柯晓芳. 初中语文审美创造的培育路径［J］. 中学语文，2023（14）：5-7.

［65］苏晓婷. 刍议初中语文阅读教学［J］. 天津教育，2021（21）：167-169.

［66］王兴凯. 初中语文读写结合教学策略研究［J］. 中华活页文选（教师版），2023（13）：115-117.

［67］石敏. 初中语文课堂教学优化策略探究［J］. 陕西教育（教学版），2023（12）：43.

［68］王建业. 谈初中语文课堂的提问艺术［J］. 中华活页文选（教师版），2023（12）：88-90.

［69］张艳. 漫谈五项管理下的初中语文教学［J］. 新智慧，2023（12）：35-37.

［70］王小芳. 初中语文作业优化设计策略探析［J］. 新教育，2023（10）：26-27.

［71］郑艳梅. 初中语文预习教学的开展与方法探寻［J］. 考试周刊，2023（9）：39-43.

［72］魏晓艳. 初中语文学习兴趣培养策略［J］. 新课程教学（电子版），2023（7）：132-133.

［73］宋凤珍. 浅谈初中语文教学中的情感教育［J］. 延边教育学院学报，2023，37（6）：96-99.

［74］王威. 浅议初中语文教学中的审美教育［J］. 新教育时代电子杂志（学生版），2023（5）：73-75.

［75］赵宗乾. 优化初中语文作业设计与评价［J］. 中学语文，2023（6）：94-96.

［76］师仲军. 初中语文高效课堂的构建策略「J］. 今天，2023（6）：47-48.

［77］侯振军. 初中语文课堂的提问艺术［J］. 甘肃教育，2021（11）：141-142.

［78］阮宇珊. 初中语文作文变式教学浅议［J］. 新教育时代电子杂志（学

生版），2023（4）：103–105.

［79］谢丽琴．初中语文思辨性阅读教学策略［J］．学周刊，2024（24）：128–130.

［80］康海峰．基于分层作业设计的初中语文教学［J］．学周刊，2024，23（23）：131–133.

［81］沈静超．初中语文高效课堂的构建［J］．中华活页文选（教师版），2021（3）：97–98.

［82］亓建奎．初中语文阅读教学"技巧"［J］．新课程，2021（2）：60.

［83］赵红炎．初中语文阅读与写作教学的有效整合［J］．中学语文，2024（18）：62–64.

［84］杨爱国．论初中语文教学提问设计的创新［J］．新教育时代电子杂志（学生版），2024（18）：148–150.

［85］贾永良．素养教育与初中语文教学的融合实践［J］．学周刊，2024，18（18）：94–96.

［86］李润平．初中语文作业的设计与评价［J］．语文教学与研究，2021（2）：136–137.

［87］刘廷亭．提升初中语文课堂效率的策略［J］．中学语文，2024（17）：7–9.

［88］冯难难．初中语文文学类单元作业设计［J］．中学语文，2024（17）：99–101.

［89］屠强．初中语文写作教学改革与实践探索［J］．新教育时代电子杂志（学生版），2024（17）：121–123.

［90］张鸽．初中语文阅读教学浅谈［J］．延边教育学院学报，2021，35（1）：175–176.